U0129475

如何阅读柏拉图
How to Read Plato

[美]理查德·克劳特(Richard Kraut)　著
林国荣　译

重庆大学出版社

理查德·克劳特（Richard Kraut）是西北大学人文学科的莫里森讲席教授（西北大学资深 Charles E. and Emma H. Morrison 人文学科教授）。他的著作包括《苏格拉底和国家》（*Socrates and the State*）、《亚里士多德论人类的福祉》（*Aristotle on the Human Good*）、《什么是好的，为什么是好的》（*What is Good and Why*）、《布莱克维尔〈尼各马可伦理学〉指南》（*The Blackwell Guide to Aristotle's Nicomachean Ethics*），同时，他还是《剑桥柏拉图研究指南》（*The Cambridge Companion to Plato*）的编者。

目 录

丛书编者寄语

我如何阅读
“如何阅读”丛书?

本丛书基于一个非常简单却又新颖的创意。初学者进入伟大思想家和著作家的大多数指南，所提供的要么是其生平传略，要么是其主要著作概要，甚或两者兼具。与之相反，“如何阅读”丛书则在某位专家指导下，让读者直接面对伟大思想家和著作家的著述。其出发点是：为了接近某位著作家的著述之究竟，您必须接近他们实际使用的话语，并学会如何读懂这些话语。

本丛书中的每本书，某种程度上都堪称一个经典阅读的大师班。每位作者都择录十则左右著作家原作，详加考察以揭示其核心理念，从而开启通向整体思想世界的大门。有时候，这些择录按年代顺序编排，以便了解思想家与时俱进的思想演变，有时候则不如此安排。丛书不仅是某位思想家最著名文段的汇编、“精华录”，还提供了一系列线索或关键，能够使读者进而举一反三有自己的发现。除了文本和解读，每本书还提供了一个简明生平年表和进阶阅读建议，以及网络资源等内容。“如何阅读”丛书并不声称，会告诉您关于这些思想家，如弗洛伊德、尼采和达尔文，甚或莎士比亚和萨德，您所需要知道的一切，但它们的确为进一步探索提供了最好的出发点。

正是这些人塑造了我们的智识、文化、宗教、政治和科学景观，本丛书与坊间可见的这些思想家著作的二手改编本不同，“如何阅读”丛书提供了一套耳目一新的与这些思想家的会面。我们希望本丛书将不断给予指导、引发兴趣、激发胆量、鼓舞勇气和带来乐趣。

西蒙 · 克里切利（Simon Critchley）
于纽约社会研究新学院

导 言

柏拉图的作品库相当庞大，最近的英译本全集规模超过一千七百页，无论是哲学论题的广度还是所提问题的深度，都非同一般。比如，人应当怎样生活？什么才是人们应当严肃对待的？人究竟是什么东西？不一而足。其文本探讨了我们处身其中的宇宙的性质，我们在宇宙中的恰当位置的问题；我们应当如何组建共同体，什么才是最好的法律的问题也在探讨之列；更进一步，是否有可能知道这些问题的答案，抑或只能是猜测而已？究竟什么才算是知道？借由怎样的方式才能获得知识，以及知识之路上有着怎样的障碍？对这些问题的追随，引领柏拉图涉入众多根本问题，涵涉伦理、政治、宗教、艺术、科学、数学、人类心灵、爱情与友情、快乐与性等。当然，这还只是一份局部清单。

柏拉图的文字作品采取了对话的形式，尽管每部作品都可以单独研读并自成一体，但若是将这些作品结合起来，予以系统研读，便不难看出，柏拉图是系统、严格且深刻的一等一的思想家。柏拉图同时也是解释性的、尝试性的作家：他会在某份对话中尝试性地提出一些思考，这些思考显然并非定论，而且在其他的对话里面，这些思考也会出现，往往是改换了装扮。显然，柏拉图在尝试不断地将问题向着纵深推进，不免让人感受到，他的哲学并非已完成的完整体系，甚至会让人感受到，一套完整的哲学体系是不会也不可能最终达成的。他显然认为，完整作品的哲学体系这种观念本身就是有问题的，它暗示哲学就在那里，人们只需要求问就可以了，如同向百科全书求问事实一样。人类真正需要的是同种种智识问题不断缠斗并将这些问题化为自己的问题，柏拉图构想的哲学显然不会剥夺人类的这个需求。

p.1

迄今为止，西方并无任何其他的思想家能够达成柏拉图这样的广度和深度，此一成就本身就足以使柏拉图成为最具分量的作家。不过，柏拉图之所以成为伟大的哲学家，不仅因为他写了如此之多的东西，也不仅因为如此之多的思考竟然都分量十足，还因为他的写作风格。他的众多对话，都极具艺术性，所表达的观念也胆略十足，凛冽之气充溢字里行间；作为作家，他的生动风格即由此而生。他显然有心让读者不安，据此将读者引入一种哲学生活方式。今天的人们仍然喜欢捧读柏拉图，究其主因，就在于此；确切地说，但凡以严肃品读过柏拉图的人（柏拉图当然也希望人们能严肃品读自己），定然都会有所变化。

柏拉图的作品是冲着这样的读者而来的，这些读者头脑清明，并且已经迈出步伐，要开始认真且系统地思考伦理、政治、宗教、知识以及艺术了。柏拉图的作品并非为学院派哲学家的专有听众而来（尽管柏拉图也不乏可以归入这个范畴的作品）。这就是为什么柏拉图的作品直到今天都是哲学入门的理想读物，或者说是哲学王国某些领域的理想指南。比如说有关知识问题的哲学探讨，没有比《美诺篇》（*Meno*）和《泰阿泰德篇》（*Theaetetus*）更好的作品了；有关爱情的探讨，没有比《会饮篇》（*Symposium*）和《斐德罗篇》（*Phaedrus*）更好的作品了；有关守法义务，也没有比《克里同篇》（*Crito*）更好的作品了。倘若有意找寻一场激发性十足的讨论，系统融合了宗教、科学、伦理、政治、艺术以及人性等领域，那么《理想国》（*Republic*）这部作品自然是无出其右。

不过，柏拉图终究还是有诸多作品是有着相当难度的，唯有仔细参详并反复阅读，才能有所理解。比如《巴门尼德斯篇》（*Parmenides*），可算是哲学王国当中最让人费解且对读者要求最高的作品之一。读者甚至很难认清这篇对话的论题是什么，不过，其中大量内容确实是在探讨将“多”规整为“一”的种种方法。即便是更为平易的作品，柏拉图也不会保护读者不受思想冲击和挑战。引领读者从浅滩涉入深水，这是柏拉图的目标。至于更具难度的作品，柏拉图显然是预期读者已然经受了其他作品的历练，在荆棘里面经历过艰苦跋涉了。偶尔，柏拉图也会提醒读者眼前的对话跟其他

p.2

的对话是有关联的，不过，此类提示和线索转瞬即逝。新手若要闯荡柏拉图的世界，向导通常是不可或缺的。

该从哪里起步呢？大约二十六部对话，应该从哪一部入手呢？二十六这个数字自然只是一个大概估算，毕竟，一直以来人们归在柏拉图名下的一些作品，其真实作者究竟是何人，现代学者对此是存在争议的。甚至在古代，就已经有人质疑其全集当中的一些作品是否真的出自柏拉图之手。若要闯荡柏拉图的世界，实际上并不存在什么正确的或者最好的起步点。他的作品无分核心和边缘，无论如何，读者若强行区分核心作品和边缘作品，则最终会发现，没有任何理由可以将任何一部作品视为次要作品。柏拉图作品库的成员，有短有长，但都是杰作。

不过话又说回来，若要入手柏拉图，其中一些作品是需要以其他作品为先导的。诸如《蒂迈欧篇》(*Timaeus*)、《克里提亚斯篇》(*Critias*)、《智者篇》(*Sophist*)、《政治家篇》(*Statesman*)、《法律篇》(*Laws*) 就有这样的门槛限制，毕竟，这些都是柏拉图的后期作品，如此，便令大量的其他作品可以成为起步点。很多对话都可视为崭新开端；柏拉图显然是想让这些对话成为哲学生活的诱人入门。因此，能否入门，在很大程度上就要看读者的哲学兴趣了。

置身柏拉图世界的新人难免会问：柏拉图的主要观念究竟是什么呢？可惜，倘若你仅仅关注对话者们看似要达成的那些结论，那么你显然并没有以柏拉图所期许的方式进行阅读，并且也显然没有以恰当的方式进行阅读。对话者们会为各自的结论提供理据，其他对话者会就这些理据展开反驳，各色对话者之间由此达成了动态论辩的脉络，并借由柏拉图的戏剧之能予以呈现，往往令对话者跃然纸上，上述这些也都是同样重要的。柏拉图创造了这些对话，但本人从未在其中现身，从未将自己塑造成一个起到重要作用的对话者。对话者们的申述究竟导向怎样的结论，这个问题当然重要，但同样重要的是，柏拉图究竟如何引领读者，穿越一场对话，走向这些结论。

p.3

在很多作品当中，柏拉图不仅是要激发读者就某个论题展开深思，同时也引领读者品味主要对话者的非正统结论（这些结论往往来自其作品中的主要对话者），希望据此将读者争取过来。当然，只是很多作品是这样的，并非全部；诸如《游绪弗伦篇》（*Euthyphro*）、《拉凯斯篇》（*Laches*）以及《卡密德斯篇》（*Charmides*）这样的对话，最终并无任何正面的、明确的结论。柏拉图撰写此类作品的主要目标，很可能就是为了向读者揭示一下要对眼前的论题展开哲学思考有着何等难度。当然会有诸般基本原则在两部或者多部对话里面重现，而且所有的对话者对这些原则也都是认肯的。还有“苏格拉底”这么一个对话者则是差不多出现在所有的对话里面，而且在大多数对话里面，苏格拉底都扮演了主导角色。这个苏格拉底似乎是信持了诸般核心的哲学教义；而且也许可以认为，这些核心教义乃是柏拉图自己已然达成的主要结论，柏拉图是希望将这些结论传授给读者的。

如此看来，柏拉图哲学之核心是由诸般教义融构而成的。借由感官呈现给我们的世界，确切地说就是由诸如桌子、树木、月亮、星星等的通常事物组成的世界，并非唯一的实存世界。事实上，这个世界是更为深刻的、不变且神圣实存的一个意象而已，而那更为深刻的、不变且神圣的实存世界，是无法用眼睛观察的，唯有靠心灵才能予以把握。桌子、树木、月亮、星星之类的事物当然可以用“美”来形容，但是，我们必须将我们在这些事物身上看到的美，同那不灭的且非实体的东西区分开来。美是可以消亡的，而那不灭的且非实体的东西，则是这些美的事物所共有的，正是这共有的东西，才令它们的美呈现出来。柏拉图将这理想之物称为“形式”（Form）或者“理念”（Idea）。

p.4

如此，美本身便是存在的，这跟通常的美的事物并不是一回事情，后者是可以看到的。美本身则是美的“形式”。而且并非只有美本身，或者说美的“形式”，“一”“静止”“运动”“三角形”“同一性”等，也都存在各自的形式。形式的世界庞大且多样。事实上，只要我们用语词来指涉某种属性，这些语词就是在指涉某种形式。人们在谈到通常事物之时，往往会用“美的”“大的”“三角形的”这样的语词来形容，之所以能适用此类语词，是因为它们关联到“美”本身、“大”本身以及“三角形”本身。这就是为什么柏拉图相信，感官世界在某种意义上乃是一个影子世界。人们称之为美的众多事物，其实是有共性的，正是这个共性令人们以美来形容这些事物。这一点是人们必须去理解的，否则便无法充分体认什么是美，更无法充分汲取美的价值。因此，我们的生活方式就必须建基于对那更为深刻且不可见的实存的理解之上。

不妨拿柏拉图跟同时代的德谟克里特（Democritus）比较一番。德谟克里特认为，若要理解我们眼见的这个日常世界，就必须认识到，这个实际是由一个借由小得多的东西组成的世界予以宰制的，这些东西就是所谓的原子。它们极其微小，并非眼睛所能见，原子的运行方式、形状以及大小可谓变化万千，这就是为什么最终影响到我们感官的更大物体的特性是千千万万的。显然，无论是柏拉图还是德谟克里特都认为，唯有承认感官自身是不会揭示根本实存的，否则就无以达成对现实的更为深刻的理解。公元17世纪，德谟克里特的观念再次复兴并深刻地影响了物理学和化学，不过，柏拉图的“形式”理论则显然要比德谟克里特的观念更为激进。柏拉图的形式，是无实体的，并非物质的，跟树木或者原子根本上就是不同的实存。形式是不可见的，这并不是因为眼睛无法探察它们，而是它们本身的性质所致。德谟克里特当然是胆气十足，但也并未像柏拉图那样，竟至于推出一个新的实存范畴，并且这个范畴较之通常可见的物质世界更为根本，确切地说，这是一个非物质的，因此也就是非感官所能触及的实存王国。

柏拉图申述说，不妨仔细思量一下我们是谁，此番思量之下，则最终不得不承认非物质之实存是存在的。显然不能将我们等同于我们的身体。确切地说，我们运用我们身体的某个部分，比如，移动胳膊，闭上嘴巴等，那控制身体的东西显然不会是另一个身体，而是灵魂。能够理解形式的，是灵魂，而非身体。不难想见：负责获取知识的主体，定然是要契合作为理解对象的客体的。非物质的灵魂恰恰就是这样的主体，灵魂是能够理解形式的。

p.5

柏拉图进一步申述说，灵魂这样的实存，不生也不灭。不会因为身体消亡而消亡，因此就定然存在来生，那是由神圣灵魂主宰的生活，神圣灵魂尽其所能地监察人们的生活，并实施奖罚。既然灵魂并无出生可言，而是永恒的，那么所有人便都拥有众多前世，每个灵魂都经历过不同的身体。（人类灵魂甚至能够进入动物的身体，因此，人们日常所见动物，其前世有可能就是人类，而我们的前世则也有可能是动物。）很久很久以前，我们对于形式定然是有着极为明晰的理解的，因为那个时候的灵魂并未融入身体，因此也就能最为充分地体认形式。我们都拥有潜能，回忆起我们前世有关形式的知识，倘若我们超脱众生，不那么执着于物质、感官享受，以及诸如权力、地位和财富之类的虚假的社会旨趣，则我们也是能够认识到这样的潜能的。

柏拉图认为，人类很难抗拒此类凡俗价值的诱惑，因为人类灵魂当中诸般最为强劲的力量，对此类凡俗价值都是有着内在倾向的。不过，一旦理性从这些力量当中摆脱出来，对真正有价值的东西展开恰如其分的哲学探究，那么理性定然能体认到，人之最大福祉就在于理解形式，就在于理解心理动因、欲望以及动机的和谐秩序。这样的内在和谐乃是人类正当关系的唯一稳靠的基础。人们唯有已然达成这样的内在和谐，深刻理解了有价值之物，并且奉献于全体公民之共同利益，方能引领政治共同体走向繁荣，令其成为真正的共同体的，而非派系之战场。倘若担当统治权能的人们，为公共精神所驱策，不会为了权力而索取权力，不会为了财富而索取财富，并且借由长时间的研习和训练，已然对善之形式有了恰当理解，那就能最为充分地达成共同福祉。

p.6

柏拉图为什么要写作对话，据此来表达自己的根本观念呢?《斐德罗篇》曾有那么一处，苏格拉底谈到了文字是不足以作为哲学理解的工具的，文字在这方面的缺陷是内在的。苏格拉底申述说，文字不过是纸张之上僵冷的东西，不过是“活的、有灵魂的话语”（living, ensouled discourse）的“意象”而已。倘若你向一篇哲学论章提问，哲学论章是不会回答的。哲学论章自然不知道读者会有怎样的前提设定，因为一份僵冷的哲学论章当然不可能知晓读者的背景和性格；因此，哲学论章可能会契合某些读者，但换一批读者，可能就是另外一回事了。

就这样，柏拉图借由苏格拉底之口，申述了哲学写作的局限。对话形式本身实际上也旨在不断提醒人们：仅靠文字或者书本，是无法传达哲学理解的。口谈对话才是传递并达成哲学洞见的首要工具。倘若仅仅知晓哲学论章写了什么东西，那是不可能达成任何有价值的哲学见解的。人们必须涉入哲学对话，借由这么一个给予和索取的往复过程，方有可能将哲学问题融入血脉，化为己有。文字作品当然也并非全然无用（要让柏拉图接受这个看法，看来是有难度的），不过，对活生生的哲学来说，文字的分量终究只是次要的，毕竟，哲学内在地就是一种交互且自发的人类活动。对哲学问题的理解本身，就涉及了向他人解释自己的能力，而且谈话对象也并非一个人，而是众多秉持不同观点的人。

柏拉图对话中的苏格拉底是有其历史原型的，此人对对话的内容及形式，都有着深刻影响。柏拉图认为苏格拉底最为充分地过着人之为人应当过的那种生活：他跟雅典同胞展开对话，尝试据此去理解人类生活中最为深刻的问题，并且也希望可以据此改革甚至改变一个朽坏且肤浅的社会。苏格拉底不曾写过一个字，在这方面，柏拉图当然没有亦步亦趋地效仿苏格拉底，但柏拉图也从苏格拉底这里汲取了这样一个观念：口头对话乃是哲学理解的一个重要工具。柏拉图将自己的作品写成对话形式，这恰恰是此一观念的体现。

p.7

差不多所有的作品里面，柏拉图的计划都是要保证苏格拉底的这种对话生活和伦理生活能够赢得追随者。他希望我们达成诸般结论（尤其是有关形式之存在以及灵魂之非身体性的核心教义），不过，他并不希望人们因为恭从权威而接受这些揭露。他希望推进苏格拉底的使命，传递苏格拉底的生活方式的深沉意涵，为此，他致力于推进的计划可要比对话长久得多，不过，他那样的写作方式，其构造本身其实也是一个提醒，致力于让人们意识到，对话是哲学理解的主要工具。柏拉图在自己的对话作品里面是不现身的，这倒不是因为他意图让读者自行操劳，最终走向他所相信的东西，而是因为他相信，哲学思考的本质使命绝对不是找出别人所相信的东西，无论是柏拉图自己相信的东西，还是任何其他的人相信的东西。以柏拉图的精神来阅读柏拉图，实质上仅仅是通过解释柏拉图，来达成更进一步的目标，这目标就是我们自己的哲学发展。

柏拉图的读者当然会对柏拉图的生平以及柏拉图置身其中的文化氛围有所好奇，若能体认那些影响过柏拉图的因素，自然有助于我们理解柏拉图。柏拉图作品里面差不多所有的对话者，包括苏格拉底在内，都是真实人物，并且都是雅典社会乃至更为广大的希腊语城邦世界的上层，这个世界是思想和政治的舞台。柏拉图生于公元前427年，其时，伯罗奔尼撒战争已经进入第四个年头，这场战争令军事高度组织化的斯巴达同民主雅典针锋相对。雅典于公元前404年战败，五年后，苏格拉底被控渎神之罪被判处死刑。这一系列的事件极大地催动了柏拉图所关切的政治和道德问题。在对话里面，柏拉图考量了从何种角度可以对斯巴达和雅典这样的体制展开批判，考量了一个政治共同体应当致力于怎样的

p.8

目标，又该如何克服外敌以及正在侵蚀共同体的内斗。对话者们也探讨了神究竟是什么，以及何以知晓真正的虔敬。

种种政治潮流激荡、冲刷着战时雅典，柏拉图自然深受影响，同时，德谟克里特的原子论和其他思想家激发而出的诸多问题也引发了柏拉图的关切，这些自然也都影响了柏拉图。据说，柏拉图在将近四十岁的时候拜访了西西里的一个数学家群体，他的一些作品则也足以表明他对同时代几何学和数论的诸多方法和结论也是颇为熟悉的。后来，柏拉图又前往西西里两次，致力于依循《理想国》和《法律篇》里面的模式来塑造狄奥尼索斯二世政体，当然，都未能取得成功。

第一次造访西西里之后，大约是公元前385年，他在雅典郊区的一处果园建立了一座学园，此处果园供奉着传奇英雄阿卡德摩斯（Academos），这个学园也因此得名“阿卡德米”（Academy）。该学园遂聚集了当世的几个有名数学家和哲学家，其中包括亚里士多德，亚里士多德于公元前367年离开了家乡斯塔吉拉（Stagira），前往柏拉图的这座学园从事研究和写作，这一年，亚里士多德十七岁。他在柏拉图的学园度过了二十载的时光，公元前347年柏拉图谢世之时，亚里士多德便也离开了学园，学园的领导权遂转归柏拉图的侄子。此后的三个多世纪时光里，这座学园的研究工作一直颇为活跃。

柏拉图哲学在古代世界最具分量的复兴，可见普罗提诺（Politinus）的作品，普罗提诺活跃于公元3世纪。柏拉图和 p.9

普罗提诺的作品对奥古斯丁（Augustine）和阿奎那（Aquinas）这样的中世纪哲学家以及马西里奥·费奇诺（Marsilio Facino）这样的文艺复兴时期的人文主义者产生了深刻影响。柏拉图和普罗提诺给予善之形式的核心地位，基督教哲学家们则将其归于上帝，不过，善之形式和上帝在多个方面都可视为类似的实存。比如，二者都是永恒的、非实体的原型，世界则是依照其意象塑造起来的，并且世界也是从这永恒且非实体的原型当中流溢而出的。

不过，即便是19世纪和20世纪的非基督教思想家或者反基督教思想家，也都能够从柏拉图的作品当中找到取之不竭的观念和工具。柏拉图作品里面那些对话者所关切的很多问题，今时今日依然是我们自己的问题：如何达成内在和谐？如何让共同体进入统一且良治之境地？宗教在公民事务当中应当扮演何种角色？什么是正义、为何要正义？在我们眼见、耳闻的这个世界之外，是否还存在另一个实存世界？对于这些问题，柏拉图的作品并不一定就能给出最可能好的答案。不过，倘若柏拉图能够帮助我们得到自己的答案，那他作为一个创作者的主要目标，也就达成了。

p.10

苏格拉底与经过检省的生活

> “也许有人说，‘苏格拉底你就不能闭上你那张嘴，老老实实另找个国家住着不就得了，你不说话就不会有人找你麻烦了。’我确实觉得我对这个问题的回答会很难让你们理解，因为如果我说那是违背天意的，因而我不能什么都不说的话，你们不会相信我这么说是认真的。如果我再告诉你们对一个人来讲最好的事情就是每天探讨美德的问题，每天仔细地考察别人和我们自己的内心世界，如果我说没有反思的生活是不值得过的生活，你们更是不大可能相信。”（《申辩篇》37e-38a）

差不多柏拉图的所有对话里面，苏格拉底都是那个主谈人，而且真要说起来，柏拉图的很多作品，其目标之一就是要为苏格拉底的生活方式赢得支持者和追随者。不过，关于历史上的那个苏格拉底，我们究竟能知道多少呢？这个苏格拉底自然是那个有血有肉的、经历了生死的实实在在的人，而非那个仅仅依凭其言辞而出现在柏拉图作品中的人。

苏格拉底并没有任何的哲学作品，而且我们也可以肯定，这是因为苏格拉底不曾写过任何东西。不曾有任何的古代文献说他写过东西，或者将他说成是作家。关于他的情况，我们的信息渠道全然在于那些写过他的作家，要不就是将他作为谈话人呈现在作品里面的作家，比如柏拉图。应该说，苏格拉底是公元前5世纪后半叶雅典的一个突出人物，此一论断所依托的不仅仅是柏拉图的作品。他并不是什么普通人物，所谓普通人物，就是指那种在朋友和熟人的小圈子里面过日子的人。有诸多信息源都可以证明他是公众人物，而且还是一个很有激发性的人物。

阿里斯托芬（Aristophanes）的剧作《云》（*Clouds*，首演于公元前423年，苏格拉底受审并被处死，则是公元前399年的事情，二者有着相当长的时间距离），将苏格拉底奉为主角。阿里斯托芬显然认为观众对苏格拉底其人有所了解，因此也就无须在剧中多做背景交代。《云》里面的苏格拉底乃是一个怪异且肆意的人，对于非道德的富家子弟颇有吸引力。这个苏格拉底满心都是狡诈且虚假的所谓科学观念以及有悖伦理的危险念头。该剧结尾的地方，苏格拉底的工作室（确切地说就是一处思想实验室）被付之一炬，那是一

p.11

个曾被他欺骗之人的复仇行动。阿里斯托芬的此番呈现当然不算公正（阿里斯托芬极为热切地要嘲讽某一类人，因此也就同样急切地将苏格拉底归入这一类），不过，无论何等不公正，那里面的苏格拉底显然都是一个熟悉的公众人物形象。

公元前4世纪前半叶，包括柏拉图在内的多个作家都写过亚里士多德所谓的“苏格拉底对话”，包括苏格拉底在内的诸多对话人都出现在这些作品里面。柏拉图的对话作品倒也并非全然是独一无二的；确切地说，有那么一类作品，致力于呈现苏格拉底同其他人的对话，以此来留存对苏格拉底的回忆，柏拉图的作品实际上也归属于这一类，这类作品并没有展现出协作格局。另一个以对话形式呈现苏格拉底并且其作品有完整存续的作家，就是雅典将军兼史学家色诺芬（Xenophon）。但凡对历史人物苏格拉底有所关切的人，色诺芬的《回忆录》（*Memorabilia*）都是不可或缺的重要文献，毕竟，色诺芬的苏格拉底虽然在很多方面都类似于柏拉图的苏格拉底，但二者终究存在诸多重大差异。

无论是柏拉图的苏格拉底还是色诺芬的苏格拉底，都跟阿里斯托芬的苏格拉底不是一回事。这些人都是见证人，但恰恰就是因为这些见证人之间的歧异，令人们很难去确定真实的苏格拉底是什么样的，同样难以确定苏格拉底究竟说过什么。有研究者得出结论：关于真实的苏格拉底，人们很难知道什么。柏拉图和色诺芬很可能都扭曲了真相；此二人在历史准确性方面，可能都没有多高的标准。

p.12

我们能够确定的是，苏格拉底花费了大量时间来探讨抽象的伦理问题，为此，他砥砺或者说是挑战他的对话者们在应当如何生活这个问题上，捍卫各自最为基础的信念。关于这个情况，柏拉图和色诺芬达成了一致，而且，除此之外，便也没有更好的理由可以解释苏格拉底为何声名在外了。苏格拉底于公元前399年因渎神指控而受审、获罪并被判处死刑，这个情况也是没有疑问的。人们普遍认为，苏格拉底食用了毒芹，那是雅典通常的死刑手段。柏拉图的《申辩篇》（*Apology*）乃是苏格拉底为此次审判提供的辩词，无论其中申述是否做到了大体准确，要研究柏拉图哲学，这份申辩都是必读之物，原因很简单，《申辩篇》比其他的任何作品都更好地解释了苏格拉底为何对柏拉图等人有着如此深的影响。本章开篇摘录了其中一个片段，苏格拉底在其中有言，“未经检省的生活不值得去过”，苏格拉底事实上是否说过这样的话，柏拉图是否依循了这些陈词的原意，这些问题其实不是那么重要，若要理解柏拉图，真正重要的是：这些话捕捉到了柏拉图所理解的苏格拉底式生活方式的意涵。

据柏拉图和色诺芬的记述，苏格拉底受到如下的具体指控：腐化年轻人，拒绝接纳雅典人一直供奉的旧神灵，敬拜陌生的新神。这些指控是否只是为了确保击倒苏格拉底而寻找的借口，这一点我们无从论定。苏格拉底确实跟当时雅典政坛的几个突出人物有着密切交集。亚西比德（Alcibiades）就是其中之一，在跟斯巴达的战争中，亚西比德曾背叛雅典，这场战争起于公元前431年，终于公元前404年，以雅典战败收场，修昔底德的伟大作品《伯罗奔尼撒战争史》(*Peloponnesian War*)即是以这场战争为主题。克里提亚斯(Critias)也在其中，克里提亚斯是个反民主派，公元前404年曾有一场为时短暂的反民主图谋，这场图谋催生了一个三十人的统治集团（史称“三十僭主”）；克里提亚斯在这场图谋当中扮演了突出角色。柏拉图的一些作品里面，这些人都曾作为对话人现身，由此可见苏格拉底同他们是有密切关系的。如此，雅典民主派在推翻了“三十僭主”之后，便完全有可能担心未来会爆发类似事件，遂觉得上佳之策就是除掉苏格拉底，毕竟，苏格拉底是民主体制之危险敌人的一个突出同盟者，很可能会威胁到恢复了的民主体制。其时，雅典已然对反民主势力发出了赦免令，因此，便没有可能以反民主罪名指控苏格拉底。既如此，以渎神罪名提起指控，自然是规避赦免令的一个好办法。

p.13

然而，《申辩篇》中的苏格拉底显然没有将渎神指控视为阴谋诡计，反而是耗费了大量时间给予申辩，将自己呈现为一个终生侍奉“神灵”之人。很明显，苏格拉底认为陪审团在是否有罪这个问题上的判决，将取决于陪审团是否认定自己是真正虔敬之人，所谓虔敬，就是恪守自己所理解的宗教义务。其时，很多雅典人相信有那么一个知识团体，也就是人们通常所说的“智者”(sophists)，他们游走于人群，四处传播他们的教义，此类教义摧毁了道德，并且也否认城邦旧神的存在。希腊语“智者”一词，跟我们今天所用“诡辩”一词（sophistry）并不是一回事，希腊语的这个语词并无贬义，而是跟“智慧”一词同根。《申辩篇》中的苏格拉底申述说，人们把他跟智者搞混了，并着力申明自己跟智者完全不是一类人。比如说，苏格拉底坚持认为，自己并不是教师，而智者则四处宣称自己是教师；比如说，自己并不收学费，智者则不是这样。不过，苏格拉底倒也承认，自己跟智者一样，都吸引了一批追随者。对此，苏格拉底解释说，这是因为自己一直都在公开挑战人们去为各自的伦理信念辩护，久而久之，便也赢得了一批年轻人的仰慕，这些年轻人乐于看到自满且得意的长辈在论辩中遭遇挫败。

p.14

说苏格拉底败坏年轻人，说苏格拉底跟智者无异，说苏格拉底跟一些智者一样，宗教观念离经叛道；这些当然有可能是指控者以及陪审团确实担心的。无论这场审判是否存在隐而不彰的政治维度，对离经叛道的宗教观念的恐惧，都有可能是最终将苏格拉底送入死路的社会因素之一。包括《申辩篇》在内的多部柏拉图作品当中，苏格拉底都宣称有一个神圣声音在向自己直接发话；而且《申辩篇》中的苏格拉底也宣称，他所理解的宗教义务，要比公民义务更为重要。若一个陪审员听了近似于《申辩篇》中的陈词，想必仅仅依循苏格拉底提起的这种很是特别的宗教导向，便都不免会判定，他对城邦是有威胁的。不管怎么说，既然苏格拉底的宗教义务观念乃令他所理解的宗教义务重于公民义务，他当然就有可能教导他吸引来的年轻人，如同他那样，依从自己理解的神的意愿而行事，此等教育，自然会令这些年轻人瞧不上雅典公民大会的民主决议。

苏格拉底进一步意识到，自己说自己只是很清白地“每天探讨德性”，并拒绝放弃，也拒绝流放，就因为若是选择放弃或者流放，乃是“违背了神的意愿”；很多公民是不可能信服这样的辩词的。人们当然会觉得苏格拉底这么说，其实是在讽刺，确切地说，苏格拉底的此番辩词乃是话里有话。如此，陪审团自然就会怀疑，苏格拉底的那些对话的背后还有更为有害的东西，只不过苏格拉底没有承认而已。如此来看，柏拉图《申辩篇》作为对苏格拉底在陪审团面前之陈词的大致呈现，无论如何都是有些可信度的：这样一份辩词是完全有可能足够有力地冒犯到陪审团，令陪审团将苏格拉底定罪的。

可以认定，柏拉图跟那个真实的苏格拉底是认识的，并且跟同时代的其他几个对话参与者一样，都很喜欢倾听苏格拉底“每天探讨德性”，因此，在苏格拉底谢世之时，他们才会书写对话作品，以这样的方式将昔日里苏格拉底的谈话场景呈现出来。苏格拉底谢世之时，柏拉图二十八岁。公元前 399 年之前柏拉图是否已经开始撰写以苏格拉底为主角的对话作品，这一点我们无从知晓，不过，就情理来看，是不大可能的，毕竟，苏格拉底仍然在世并且谈话热情仍然那么高昂的时候，谁会去阅读以苏格拉底为主角的对话作品呢？

p.15

倘若柏拉图是在苏格拉底死后不久，在仍然记忆犹新的时候写作《申辩篇》以及后续的一系列对话作品，那也就可以肯定，柏拉图的写作生涯大致上是持续了半个世纪之久。柏拉图于公元前347年谢世。

我们不能确定真实的苏格拉底是否说过“未经检省的生活不值得过”这样的话，也无从知晓这话是不是柏拉图加工而来的。这话并不曾出现在柏拉图的其他作品当中。不过，这话的意思在柏拉图的作品里是有明确界定的。参详诸如《游绪弗伦篇》《拉凯斯篇》《卡密德斯篇》《吕西斯篇》《普罗泰戈拉篇》《小希皮亚斯篇》以及《美诺篇》这样的伦理短篇，便不难发觉，苏格拉底实际上是在推行一种对抗式的谈话；确切地说，苏格拉底会首先提起一个难度十足的伦理问题，很是抽象，因而相当有迷惑性。诸如，什么是虔敬？（《游绪弗伦篇》）什么是勇气？（《拉凯斯篇》）美德能教吗？（《普罗泰戈拉篇》《美诺篇》）有意撒谎的人是否比无意撒谎的人更好？（《小希皮亚斯篇》）面对这样的问题，苏格拉底的对话伙伴时常会冒险给出直接回答，要不就是在一系列的追问之下给出答案。答案既出，便即刻受到仔细拷问，看看这答案是否契合答案提供者的其他观念；而且很快就能看出，这样的答案是站不住脚的，因为这样的答案将会导致内在矛盾，由此引发答案提供者信念体系自身的矛盾或者歧异。往往会展开追索，激发进一步的诸多答案，但最终都找不到满意的解决办法。于是，苏格拉底便承认自己无力解决

p.16 这个问题，尽管问题本身至关重要；而对话则以此告终。

“未经检省的生活不值得过”，这话的意思自然是说：经过检省的生活之所以值得去过，全然就是因为这样的生活是自我批评性质的。这也就意味着，苏格拉底式的对话，即便最终不能找到满意的答案来回应那个初始问题，但也已经催生了有着深沉价值的东西。伦理探究的过程，即便不能导向明确结论，这个过程也自有其价值。苏格拉底的言谈解释了他为什么要过那样的生活，深沉的伦理思考蕴涵了巨大价值，这解释的核心恰恰就在于这样的巨大价值。以哲学精神来应对伦理生活的至深问题，苏格拉底让柏拉图深深意识到此举的分量，并且苏格拉底成为一个范例，让柏拉图深深体认了什么才是以哲学精神应对伦理生活的至深问题；在这方面，苏格拉底对柏拉图影响之深，是其他的任何人都做不到的。

柏拉图显然将苏格拉底视为超拔凡俗道德和宗教标尺之上的人，这样一个人最终葬送了自己的性命，乃是因为他身上的那种优越感招惹了众人的恨意。《申辩篇》通篇，苏格拉底都在谴责陪审团那松懈的道德标尺；他谴责他们最先关心活得长久，活得舒服，一心只想着财富、声誉和权力，谴责他们为达目的不惜违背法律。他们从未真正考量过他们追求的目的本身价值究竟几何。他们当然自觉都是好人，但是苏格拉底相信，所谓美德，倘若其基础仅仅是不加思考地接受共同体碰巧予以器重的那些价值，那将只能是赝品。每个人都必须设法达成这样的自我确证：我们生命中予以追求的东西，是值得我们付出全部努力的。据此，苏格拉底发出问询：除了他一直致力于推行的那种对话机制外，还有别的办法可以做到这一点吗？柏拉图完全相信，在这个问题上，苏格拉底是对的，而且，苏格拉底对同胞公民的俗成主义及其自满和腐朽的批判，也是正确的。

柏拉图的诸多作品实际上可视为《申辩篇》的参考篇章，因为这些作品实际上是拓展了苏格拉底之审判和苏格拉底之死这个论题。《游绪弗伦篇》里面的苏格拉底，乃是要回应针对自己的那些法律指控，而且苏格拉底在市场上遇到的那个人，也就是游绪弗伦，实际上也卷入了一桩诉案：他刚刚指控自己的父亲谋杀了一个仆人。苏格拉底告诉游绪弗伦，自己也被人指控创造新神，游绪弗伦即刻认定，苏格拉底声称听到的神的声音就是麻烦之源。接着，二人便展开对话，主题便是何谓虔敬。苏格拉底发出问询：是否存在明确标志，可以论定人们的某些行为拥有宗教正确性，另一些行为则不具备宗教正确性。游绪弗伦则显然无力回答这个问题，而且看来也不曾思考过这个问题，不过，游绪弗伦依然认定，自己是应该指控父亲的，那是宗教义务所在。

p.17

游绪弗伦并没有一般性的标尺或者准则来论定什么是宗教义务，他也因此在柏拉图的这部作品里面成了一个浅陋之人。指控父亲，很可能是严重的不义之举，但他仍然自信满满，认为自己是正确的，尽管他没有办法分辨何者正确，何者错误。这里的苏格拉底，则跟《申辩篇》里面的苏格拉底一样，对雅典同胞提起了同样的指控：雅典公众完全是没有头脑的，因为他们不曾像自己那样，检省生活。如此便也无须奇怪，雅典人最起码是时不时会犯下严重错误，甚至犯下重大罪恶的，但这并不妨碍他们认为自己是好人。有好的意图并且依循好的意图行事，这并不能造就一个好人，原因很简单，好的意图跟真正具备价值的东西并不是一回事情，好的意图完全有可能跟对真正价值的误解契合起来。因此，就必须对生活实施苏格拉底式的检省，以此来补充好的意图。唯有如此，才能保证所追寻之目标具备真正价值。

《申辩篇》和《游绪弗伦篇》的主旨实际上已经很是切近这样的观点了：唯有哲学家才有可能拥有美德，这里所谓的哲学家，乃是类似于苏格拉底那样的人，他们将生活奉献于哲学对话。(《斐多篇》里面的苏格拉底则确实是抛出了这个观点)。我们应当意识到，此一主张是极为激进的，同时也应当意识到，柏拉图在引导人们接受此一观点的过程中展现出大师级的技艺。要做好人，并不需要满足多高的标准；此乃人间常识。我们往往认为，道德上的要求是显而易见的事情，那样的要求就写在我们心中，但凡有着善良意愿的人们，都能体认并领受。但柏拉图的苏格拉底摧毁了这样的看法，并以截然不同的观念取而代之，这观念便是：倘若我们有意越过纯粹的美德表象，拥有更具价值的东西，那我们就必须介入很艰难的哲学问题。

p.18

《克里同篇》中的苏格拉底已然被判死刑，正在等待上路时刻。其时，圈中成员克里同提议贿赂狱卒，令苏格拉底从监牢脱身，并选择流亡他乡。克里同申述说，无论如何，针对苏格拉底的那些指控都是不成立的，死刑判决并无正义可言。为了朋友们，苏格拉底应当活下去。跟《游绪弗伦篇》一样，《克里同篇》也宣称是在记述一场真实发生过的对话，不过，我们没有办法确认是否真的有过类似的对话。柏拉图的目标是完美呈现苏格拉底的道德优越性。显然，苏格拉底要是愿意，完全可以逃离监狱；若非如此，柏拉图当然不会将逃跑视为潜在选项。但柏拉图也宣称，苏格拉底不会接受逃跑提议，因为苏格拉底绝对不会违背法律并因此推翻城邦的正当程序，即便这些法律和程序要将他处死。

柏拉图意图让读者相信的关键一点在于：苏格拉底这种人，可以放弃生命，可以让朋友失望，可以让自己的孩子没有父亲，只要他认定是正义要求他这么做的。常识信念认为（无论今天还是古代世界，这都是相当广泛的常识信念）：一个人若是无辜获罪并被判处死刑，那是可以设法逃避惩罚的，这是正当之举；柏拉图的苏格拉底则否决了这样的信念。

柏拉图有关苏格拉底审判和苏格拉底之死的叙述，在《斐多篇》迎来了收官。《斐多篇》是苏格拉底在将要饮下毒酒的时候，同几个密友的对话，这场对话的主题就是灵魂的性质及其死后存在的可能性。跟《克里同篇》一样，跟《游绪弗伦篇》不一样，《斐多篇》达成了一个确定的结论：在

p.19

这篇对话中，苏格拉底信心十足地给出了四个而不是一个论证，以此表明灵魂是不灭的，身体死亡之后，灵魂将仍然存在。

学界广泛认为，有关灵魂不朽的这些论证是柏拉图的创造，并非真的出自苏格拉底本人。柏拉图并非亦步亦趋地转录他人的言辞，而是一个极具创造性的哲学家，说白了，柏拉图乃是在借助这样一个名叫“苏格拉底”的人物，来达成自己的哲学目标。柏拉图乃出身于一个富有且有着良好政治关系网的家庭，因此，要在雅典政坛成为强大人物，并不是难事。是苏格拉底将他改变，令他见识了经过检省的生活的分量。为了过上这种生活，柏拉图不仅跟苏格拉底等人展开对话，而且跟苏格拉底不一样，柏拉图还写就哲学篇章，文p.20 字媒介显然更为经久，这是我们的巨大幸运。

2

智者、演说家与社会规范之根基

普罗泰戈拉：“……所有人都乐于跟别人谈论什么是正义，什么才算遵守法律，并在这些问题上教授别人……所有人都在竭尽所能地成为美德的教师，但是，你［苏格拉底］却不认为有任何人有资格成为教师。你当然也可以去找寻一个希腊语教师；但在你眼里，同样没有人能配得上。”（《普罗泰戈拉篇》，327b-328a）

卡利克勒斯：“在我看来，原因在于法律的制定者是处于弱势的大多数；他们为了自己和自己的利益来制定法律和实施赏罚；他们害怕更强的那类人，因为那类人有能力攫取更大的份额，为了阻止那类人这么干，于是他们说超额所得乃是可耻的和不公正的……然而自然本身告诉我

们，更优秀者比低劣者拥有更多，强大者比弱者拥有更多，这才是公正的。”（《高尔吉亚篇》，483b-d）

《普罗泰戈拉篇》和《高尔吉亚篇》（*Gorgias*）乃是对相互对峙的诸般哲学体系展开的探讨，算是柏拉图作品里面最具戏剧性的了。普罗泰戈拉跟苏格拉底是同时代的人，是著名智者。卡利克勒斯（Callicles）则很可能是柏拉图作品里面为数不多的虚构角色之一，在对话里卖弄，是高尔吉亚的崇拜者。高尔吉亚则是一个修辞学教师，并且也跟苏格拉底同一个时代。两篇对话当中，柏拉图均借助苏格拉底同这两个对手的对峙和对照，提起了一个根本性的道德哲学问题：什么样的标尺才能衡量社会规则和社会价值之有效性？这个问题会在《理想国》里面重现，而且在《理想国》里面，柏拉图也是借助苏格拉底同另一个知识分子［色拉叙马霍斯（Thrasymachus），修辞学教师］的对峙和论辩，来达成戏剧效果。

p.21

智者乃是典型的通才人物：他们游走于各个城邦，围绕多个科目展开授课，诸如科学、数学、历史、文学批评、语义学以及说服技艺等等，这些显然是远远超越了希腊富家子弟从私人教师那里接受的基础教育。至于修辞学教师，则仅仅是修习并传授演说技能之人。在雅典这样的民主城邦，在诸如法庭和公民大会等有着大规模听众的场合，演说能力自然是通达大权的门径和钥匙，因此，跟智者一样，这些演说术大师都能够从急欲攀升权位的富家子弟那里获取丰厚的报酬。

柏拉图为何会反对这些人呢？为什么如此急切地要在这些人和苏格拉底之间画下如此鲜明的界线呢？对于普罗泰戈拉、高尔吉亚、卡利克勒斯等人，柏拉图的批评都有各自的具体指向。不过，所有对智者和演说家的讨论却也有着一个共同元素。这些人谋求的技能，可以向好，也可以向坏，因此，他们贩卖的专业技能是完全有可能造成巨大危害的，除非能对正当目的有所体认。柏拉图的观点在于：任何研究，除非能让人更好地理解人类生活当中的善，否则都没有价值。这当然不是说，我们不应当研究数学和科学，或者不应当获取演说、音乐以及诗歌方面的技能。柏拉图相信，这些都是至关重要的修为——只要不脱离对价值的理解。智者和修辞学教师之所以落入歧途，就是因为他们都是非道德的专家。他们虽然教授诸般科目，但他们都看不到他们所传授之技艺跟一切技艺当中最为重要的那个技艺之间的联系，这最为重要的技艺就是伦理洞见。

p.22

接下来就看一看对智者和修辞家的这场批判是如何展开的。普罗泰戈拉，可算是公元前5世纪最负盛名的智者，在以“普罗泰戈拉”命名的对话中，苏格拉底向希波克拉底（Hippocrates），一个热望成为普罗泰戈拉门生的年轻人，发出这样的问询，投身这个伟大教师门下，究竟想学习什么。就如同柏拉图作品里面经常出现的情况那样，这个年轻人无法给出满意回答。这个年轻人当然知道普罗泰戈拉就是人们所谓的智者，但是智者是什么，智者教授什么，以及为什么投身智者门下会有好处——若确实有好处的话，这些问题他却说不清，理不明。[《美诺篇》跟《普罗泰戈拉篇》大致是同一时间写就的，《美诺篇》呈现了恰恰相反的态度，尽管这个态度同样是不过脑子的：其中一个名叫阿尼忒斯（Anytus）的人乃当场认定，智者是有害的，但同时也承认，自己不曾遇到什么智者；这个阿尼忒斯乃是《申辩篇》中苏格拉底的指控者之一。] 随后，柏拉图又询问普罗泰戈拉本人：跟随智者学习，能有什么好处；对此，普罗泰戈拉回应说，希波克拉底很快就会成为更好的人，而且会一天好过一天。"具体怎么个好法呢？"苏格拉底追问。普罗泰戈拉回应说，他所有的门生都能够习得成为好公民和强大公民所需的言辞技能和管理技能。

随着对话的展开，普罗泰戈拉的大致观念也明朗起来，在他看来，所谓好的、强大的公民，必须具备诸般让人称道的俗成品性，诸如虔敬、勇敢以及正义等。而且在这位智者看来，没有任何东西可以将这些美德统摄起来，因此也就没有任何东西能够将这些美德论定为真正的美德。确切地说，这些美德不过是各种各样的习惯和思想而已，一个社会共同体的所有成员，但凡拥有适度的精神能力，都是可以从风俗和规范当中修习的。普罗泰戈拉认为，一个共同体的诸般道德标尺背后，并无任何东西作为支撑，也无须任何东西来解释为何这些标尺（而非其他的潜在规范）是恰当的、适宜的。修习诸如正义和虔敬这样的美德，就如同修习语言。借由反复实践，一个人多多少少都能熟悉一时一地的社会规范，并且或多或少都能够解释这些社会规范。这也就是为什么普罗泰戈拉会说，“每个人在其力所能及的范围之内，都能够传授美德”（Everyone is a teacher of virtue, so far as he can be.）。同时，这也就是为什么人们往往注意不到这种人皆有之的能力。但凡人们在道德上相互指责，提出道德要求，或者提起道德建议，人们实际上都是在召请或者解释社会规范，而这些社会规范都是人们逐渐汲取和吸纳的。此类事情太过频繁且平凡，而且都是在无意识中进行的，因此人们不会意识到自己其实是在教授美德，跟语言的情况一样，但凡人们在使用语言，实际上也都是在传授日常语言的规则。

p.23

普罗泰戈拉的此番论证可以说是颇为狡黠的：当然会有人靠着教授第二语言来谋生，在将母语赋予孩子的过程中，父母当然也担当着特殊角色，不过，所有演说之人最起码都是能够发挥小小作用并将语言习惯和规范传授给他人的，毕竟，此类习惯和规范唯有靠着一以贯之的实践和使用才能存续下去。同道德规范的此番类比可谓匠心独具。这位智者显然是将人们引向这样的结论：尽管会有一些人比其他人投入了更大的精力去传授美德（普罗泰戈拉认为自己就在此列），但真正说起来，所有参与共同体并接纳共同体之规则的指引的人，都应当视为美德的教师。

柏拉图有时候会选择不将对话人的关键前提挑明，如此便可以促动读者自己去查找这里面的缺漏，并将其填补。普罗泰戈拉在语言和美德之间所作的这个类比，就是这样的情况，毕竟，无论是柏拉图还是苏格拉底，都没有挑明这样一个情况：各个共同体的很多道德规范都是不一样的，就如同何谓恰当的语言取决于具体听众的预期一样；人们一旦注意到这个情况，这个情况本身也就是显而易见的了。然而，若人们真的关注到这个情况，便也不难觉察到道德规范和语言规范之间的一个明显差别：比如说，名词词尾是否应当依据其是作为主语来使用，还是作为宾语来使用，而有所变化，在这个问题上，没有人会认为存在唯一正确的规则。社会规范却不一样，我们确实会越过自己的共同体，观察别的共同体，据此发出问询：他们的好还是我们的好。换言之，语言之实践和惯例，乃是约定俗成之事，但要说弑婴之事在社会层面能否站得住脚，也要看约定俗成的情况，这却是很难让人信服的。

p.24

对此，普罗泰戈拉是有所回应的，不过，这个回应并没有出现在《普罗泰戈拉篇》里面。“人是万物的尺度”（Man is the measure of all things），这是普罗泰戈拉的名言。这话实际上是暗含了一个前提的，他将美德之传授类比于语言能力之养成的时候，恰恰就是依托了这个前提。这个前提就是：若要论定一个说法之真实性，其标准（也就是所谓的“尺度”）没有别的，仅在于演说者所属共同体的普遍意见

（如此一来，人类当中的这个特定群体便成了那“尺度”）。并不存在明明白白的对与错，也不存在明明白白的善与恶；确切地说，所谓的“对”与“善”，乃是“共同体所认从的对与善”的节略表述而已。今天的人们通常将这个看法称为“道德相对主义”（moral relativism）。依据这样的看法，每个共同体都有自己的道德规范，彼此之间是不一样的，而且也不能说哪家的道德规范就是正确的或者是最好的。如此一来，普罗泰戈拉予以传授的东西，就是如何以最能反映一个共同体之主流观念和情感的方式去说话和行动。投身他门前的学生，对于各自所属共同体的规则和价值多多少少都是有所感受的；他要做的就是砥砺这样的感受，就如同语言教师训练一个普通学生，令其加深印象那样。

柏拉图的苏格拉底并没有对普罗泰戈拉的这种自我观念当中潜在的相对主义展开正面攻击。柏拉图的苏格拉底转而挑战了普罗泰戈拉的前提设定：美德是可教的；他问普罗泰戈拉，诸般美德，究竟是纯粹的杂合体，还是说能够形成一个统一体。美德是否可以传授，柏拉图的苏格拉底对此表达了疑虑，由此开启了同普罗泰戈拉的此番交锋，不过，柏拉图的苏格拉底所用的论证看来是极为孱弱的，也许，柏拉图是存心希望自己的读者一眼就能看出这些论证是没有说服力的。其中一个论证是这么来的：雅典人，可算是一个聪慧群体，但凡公民大会议事并做决断之时，允许所有公民发言；并没有在法律层面上要求发言人事先具备对错以及善恶问题上的专门知识。据此，柏拉图的苏格拉底论证说，雅典人的这种宽松态度乃反映了雅典人的这样一种观念：并不存在对错或者善恶问题上的专门知识；既然无人拥有这方面的专门知识，那就让所有人都在伦理问题上畅所欲言吧——雅典人就是这么聪明。

柏拉图的苏格拉底说雅典人聪慧，说雅典人正确地认为美德是不可教的，对此，人们很难不认为苏格拉底此言话里有话，心存讽刺。前面谈到《申辩篇》的时候，想必大家已经看出，柏拉图的苏格拉底心里其实明白，其他对话人往往都不会把苏格拉底的话太当真，往往都是要打一些折扣的，因为其他人都能意识到他是话里有话的。阅读柏拉图，一定要时刻警醒此等苏格拉底式的反讽之术。柏拉图的苏格拉底会在某处说雅典人是聪慧的，另一处却又谴责雅典人的愚蠢，如此，我们便不能把前面的夸赞之词当真。

柏拉图另有一篇对话，跟《普罗泰戈拉篇》大致同时写就，这篇对话提起了更为直接的问题：如何评估一个共同体的标尺，以及如何确认并修正道德错误。《普罗泰戈拉篇》以公元前5世纪最具名气的那个智者的名字来命名，《高尔吉亚篇》同样是以一个极为成功的修辞学教师的名字来命名。修辞学教师有时候也会撰写一些演说指南之类的东西，不过，他们的通常做法乃是通过范例来进行教学。他们会选定主题，据此提供演说范例，让学生们仔细研习此类范例并予以效仿。高尔吉亚给出的范例，有六份以概要或者残篇的形式存续下来。在雅典，任何人若是寄望在政治生活当中有所成就，法庭或者公民大会之上的演说能力都是不可或缺的，修辞学教师因此也就掌握了政治权力的钥匙。

柏拉图的苏格拉底询问高尔吉亚，修辞学教师的目标是什么。高尔吉亚倒也坦率：修辞是万般训练之主，原因很简单，若一个人知道如何说服民众，那么这个人看起来就具备了相关的专业知识，即便事实并非如此。因此，真正主宰公民大会或者法庭的，是此等人物的建言，而非真正专家的建言。优秀演说家都知道如何让听众认从自己的意志。在高尔吉亚看来，掌握修辞，也就达成了人类心灵的至高修为。

p.26

高尔吉亚承认，修辞术有助于达成并稳固政治权力，这个态度确实坦率，不过，他并没有直面修辞术的道德模糊性。苏格拉底发出这样的问询：倘若学生靠着从高尔吉亚这里学到的修辞之术谋取了专断权能，屠杀无辜公民并劫掠城邦，那么作为老师的高尔吉亚是否算是共谋。对此，高尔吉亚的回应只能算是含糊其词，他说他会教导学生正义处事。此前，高尔吉亚曾宣称，倘若自己的学生拿修辞术作恶，则自己是没有责任的；很明显，这两个说法是矛盾的。柏拉图的这篇对话阐发了这样一种看法：倘若想探究令人们限于严重分裂的伦理问题和政治问题，那就不能将那些台面上的话当真。很多人都跟高尔吉亚一样，在何者为善、何者为对的问题上，不会向别人袒露心迹，甚至自己都不清楚自己的至深信念究竟是怎样的。

在高尔吉亚的诸般缺陷被揭示出来的时候，波洛斯（Polus），高尔吉亚的一个门生，曾写过一篇修辞学论章，此人挺身而出，为修辞职业提起了一项更有力的辩护。较之高尔吉亚，波洛斯更为坦率。他宣称，有意识地运用权力，是大善之举，无论何等不正义；不过，波洛斯也没有否认以不义对待他人，无论有着怎样的好处，终究都是可耻的。这便令波洛斯自行陷入矛盾当中，也就是在这个当口上，卡利克勒斯替代了波洛斯的位置，高尔吉亚此次造访雅典，卡利克勒斯就是主顾。他可算是柏拉图作品当中令人印象最为深刻的人物之一，因为他在捍卫这些令人震惊的观念之时，秉持了彻底的真诚。他对暴君的杀人和劫掠之举，极为赞誉；他认为暴君之作为恰恰是依循了天道。他宣称，统摄着所有社会的规则和规范莫不是人为的发明和巧计，人们就是因为没有足够的胆略和头脑令这个世界服从自己的意志，所以才会有那样的发明，他们支持俗成的道德，仅仅是为了钳制少数真正卓越之人，否则的话，这些人就会占据优势地位。在这个问题上，不妨看一看野生动物的世界，在那里，杀戮和掠食乃是大自然的天道。而这就是自然正义，所谓弱肉强食，强者得之，强者是不受毫无根据可言的俗成之物的捆缚的，以俗成之物钳制强者，令其不能在权力和快乐当中分得狮子的份额，这种做法并无公正可言。

p.27

以此方式引入普罗泰戈拉、高尔吉亚、波洛斯和卡利克勒斯，柏拉图显然是要促动读者展开深刻探究。这些戏剧色彩十足的人物，在柏拉图的这个舞台上，可都不是肤浅之辈。在这个舞台上，普罗泰戈拉乃是苏格拉底的强大对手，卡利克勒斯则也完全不像高尔吉亚和波洛斯那样，可以在对话中被轻易击败。普罗泰戈拉和卡利克勒斯的观念是有着强大吸引力的，他们的某些回应深入人心，直击我们对强烈快乐、社会主导权以及世俗成功的渴念之心。他们的主导观念也存在精微差别：普罗泰戈拉认为并没有办法超脱一个具体共同体的规范体系去评估规范体系之有效性，卡利克勒斯则是诉求自然界，从中找寻评估社会规范体系的标尺。读者不免会问，该以怎样的标尺来评价一个共同体赖以生存的规范呢？倘若不能给这个问题提供答案，那人们就很可能会称其为普罗泰戈拉式的相对主义者，或者卡利克勒斯式的非道德主义者。

《高尔吉亚篇》里面的苏格拉底倒是有简略暗示，希望人们放眼整个宇宙而非局限于处身生存竞争中的贪婪野兽，以整个宇宙为范例，从中找寻所谓的“自然正义”。有序宇宙的巨大场景，蕴涵了协调和限度的模板：宇宙的诸般元素乃是依从法则的，不会尝试毫无限制地压制其他的元素。万物之本性当中含有正义，这正义类似于比例和协调，这正义建基于品行、平等和互惠，就如同最好的政治共同体所展示的那样。

自然界灌注了道德秩序，人类的恰当角色就是在这个世界秩序当中发挥应有的作用，确切地说，就是公正对待彼此，致力于他人的福祉；这样的观念已然证明了有着非同寻常的吸引力。此观念在斯多亚学派那里得到了更为充分的发展，斯多亚学派乃是古希腊和古罗马世界的大哲学流派之一。不过也不难看出，柏拉图的作品还包含了一种不同的观念，此观念后来则是在中世纪基督教哲学家那里得到了培植；此观念就是：应当向一套超验且永恒的秩序而非自然宇宙找寻价值标尺，这套秩序并非物质性的，也不拘束于空间。人类的模板不应当是自然，无论是卡利克勒斯推崇的动物秩序，还是苏格拉底推崇的几何学比例，都不足以称为模板，至于普罗泰戈拉予以荐举的人类社会世界的种种约定俗成，就更不能担当模板，相反人类之模板乃是更为完善的东西，而且要完善得多。在柏拉图这里，这就是形式，而且万般形式皆是由善之形式予以统摄和组织的。

p.28

p.29

3

灵魂、数学与理想型

> 苏格拉底：说到平等，我们所说的并不是棍子和棍子、石头和石头之间的平等，也不是任何别的此类平等，我们所说的平等超越了所有的这些，而且与之不同：我们所说的乃是平等本身……平等的棍子，能否让我们对平等本身有所体味呢……平等的棍子是否能将平等本身如实真切地展现给我们呢，还是说，平等的棍子无论如何都无法达成平等本身呢？
>
> 西米亚斯：它们无法达成平等本身（《斐多篇》，74a-d）

这份文字乃是从《斐多篇》摘录而来，《斐多篇》乃是西方哲学史上最具胆气的形而上学作品之一。形而上学致力于研究人类赖以建构世界的最为根本的范畴，诸如心灵与身体、实体及其属性、原因与结果，等等。柏拉图本人倒是不曾用到这些语词，不过，在《斐多篇》里面，柏拉图的苏格拉底也确实申述说，最为根本的实存并非物质的；此类实存就是灵魂和形式，一切的灵魂和形式都是永恒的，都是不变的。这篇对话也有着一个深沉的伦理维度：最好的生活乃是那种致力于死亡艺术的生活，因为死亡意味着灵魂和身体的分离。身体之于我们的真正实存，完全不是什么友好家园，毕竟，我们每个人其实都是一个灵魂，因此，我们不应恐惧死亡，而是应当欢迎死亡。自杀当然不被允许（苏格拉底是被法律宣判死刑的，并不能算是自杀）；我们不应当选择自p.30杀，恰恰相反，我们应当带着这样的意识活着：身体的快乐劣于灵魂的快乐，死亡则是一种解脱。最能如此生活的人，乃是那种全然奉献于哲学且对金钱、舒适以及权力之类的世俗之物毫不挂怀的人，苏格拉底就是这样的人。

柏拉图对木棍以及石头这样的通常之物展开思考，以此作为论证的一部分，来证明非物质之形式的存在。一旦明白了平等乃是一种理想形式，超越了具体木棍之间的平等，人们也就不难体认更进一步的观念：灵魂并非什么物质，而是全然不同层面的实存。

《斐多篇》里面的苏格拉底饮下了毒药，并走向死亡，这是法律对他的处罚。这篇对话的结尾呈现了苏格拉底的死亡场景；主体内容则是苏格拉底在最后时刻跟诸多朋友和仰慕者的谈话。负责记录这场对话的斐多提点说，柏拉图并不在场，这实际上也点明了：柏拉图的这部作品并非真实对话的记录，至于苏格拉底之死实际上则是一个工具，以此来戏剧化地呈现柏拉图有关灵魂的思考。这篇对话中，苏格拉底探讨的问题是，身体消亡之后，灵魂是否仍然存在。柏拉图的苏格拉底全然相信，自己很快就将过上一种更好的生活，并且也竭力让心怀疑虑的对话者们相信，灵魂就其性质而言，就是不会泯灭的。

《斐多篇》当然跟诸多其他的作品形成了一个叙事整体，不过，《斐多篇》的哲学性格跟那些作品却截然不同。诸如《游绪弗伦篇》《申辩篇》以及《克里同篇》，都不曾明确讨论形而上学问题，其关切点全然在于伦理问题和政治问题，比如何谓虔敬，苏格拉底的生活方式是否虔敬，苏格拉底拒绝逃离监狱是否正义，等等。在所有这些问题上，苏格拉底都着重表明自己缺乏专业知识，即便是有着巨大伦理分量的问题。在死刑宣判之后，也正是循着这份谦逊，苏格拉底申

p.31

述说，死亡要么意味着无尽的虚无（这倒也不是坏事），要么就是去往另一个地方（冥府），在那里，可以遇到所有已逝之人并且跟他们交谈。对此，苏格拉底说，他不知道究竟是何者，不过，无论是何者，显然都无须恐惧死亡。

《斐多篇》中的苏格拉底则不是这样，在《斐多篇》里面，苏格拉底对灵魂的性质表现出强烈关切，并且认为，灵魂如同平等本身或者善本身那样，也是永恒且不变的实存。柏拉图的苏格拉底更认为，“形式”全然不同于我们通常所

感的可以消亡的东西，在我们出生之前，我们便已经熟悉灵魂了。《斐多篇》确实提起了一个至关重要且有着现实关联的问题：苏格拉底死后仍然活着吗？但对这个问题的回答却是一个宇宙世界的观念。《斐多篇》里面的苏格拉底将世界分为物质实体、形式以及灵魂三个部分，关于物质实体，人们能够知道的其实少之又少，因为感官是充满错误的；对于形式，一旦破除了身体造成的焦距扭曲，则人是可以重获有关形式的知识的；至于灵魂，则是不灭的，也是无可感知的，因此更切近于形式而非物质实体。在《斐多篇》里面，秉持怀疑和追问态势的不是苏格拉底，反而是其他的对话人。这些对话人认为，即便灵魂能比身体多活一次、两次，最终也难免在时间进程中归于消亡。但是苏格拉底并没有这样的疑虑。《斐多篇》的苏格拉底提起了一个接一个的论证，旨在证明灵魂不灭。

在对话某处，苏格拉底谈起自己年轻时候曾有过强烈兴趣去探究自然界。他热切地要去找寻“天上和地下”万物的原因，此类问题在《申辩篇》中可是不曾提起的，然而，他对自己的研究并不满意，遂转向那种借由“形式”才能达成的理解。在此，柏拉图显然是借由苏格拉底之口表达了自己在年轻时对自然的热情和兴趣，同时也表达了这样一种信念：“形式”能够令我们对宇宙有深沉的理解，这样的理解程度是其他手段达不到的。在此，柏拉图的苏格拉底认为，有关自然现象的最好解释也能够解释为何自然现象蕴涵了那

p.32

样的秩序，确切地说，那样的秩序并不完美，虽然很接近几何学的完美比例，但终究还是不能跟几何学的完美比例相媲美。柏拉图的苏格拉底暗示说，要维持宇宙的这种秩序体系，心灵就必须担当起相当重要的动因角色，不过，柏拉图的苏格拉底并没有将这个看法展开论说。在后来的《蒂迈欧篇》里面，主要对话人（蒂迈欧，这篇对话就是以“蒂迈欧”这个名字命名的）则更为充分地阐述了物质世界是何以依托形式而得到自身的结构的，确切地说，就是借由一个神圣造物主的中介。在此，柏拉图就物理宇宙之深层结构问题提出了自己的猜测，他将之视为一个“可能的故事”（likely story），仅此而已。仅仅是物质原因并不能解释我们的世界，若要最为充分地理解我们的世界，就必须将其视为对神圣且超验之形式秩序的模仿。这个世界乃是从神圣智慧流溢而出的，或者说是神圣智慧的造物，此观念乃是基督教神学的核心教义之一，而《蒂迈欧篇》则是对中世纪欧洲影响最大的柏拉图对话。

显然，柏拉图的哲学关怀要比真实苏格拉底的哲学关怀更为宏阔。他关切实存之性质，并力图理解一切实存的根本原因。相形之下，真实的苏格拉底则是专注于应当如何生活这样的现实的伦理问题。亚里士多德的《形而上学》（*Metaphysics*）则进一步证明了这一点，亚里士多德在这份论章里面申述说，苏格拉底对自然世界并无关切，而是聚焦于伦理问题。亚里士多德生于公元前384年，也就是苏格拉底谢世十五年之后，不过，亚里士多德在雅典的柏拉图圈子待了很多年，因此也就有着绝佳的机会去了解那个真实的苏格拉底究竟对柏拉图思想之发展有着怎样的贡献。

柏拉图的对话作品当中有那么一个系列，里面的苏格拉底全然专注于伦理问题，在坚称自己缺乏伦理学知识的同时，对其他对话人的主张和论证实施追问和敲打；人们有时候会将这个系列称为“苏格拉底对话”，主要涵括了《卡密德斯篇》、《克里同篇》、《欧绪德谟篇》（*Euthydemus*）、《游绪弗伦篇》、《高尔吉亚篇》、《大希皮亚斯篇》、《小希皮亚斯篇》、《伊昂篇》（*Ion*）、《拉凯斯篇》、《吕西斯篇》（*Lysis*）以及《普罗泰戈拉篇》。因为这样的亲缘关系，人们常常将这些对话作为一个集群加以研究。很多学者认为，这里面很多对话的写作时间要在其他所有对话的前面，于是这些对话便也被视为柏拉图的早期作品。在这批“苏格拉底对话”当中，柏拉图着手阐发自己从苏格拉底那里所学东西的伦理意涵。

p.33

不过，在自己思想发展脉络的某个节点之上，柏拉图开始将自己其他的思想旨趣同伦理思考融合起来，诸如在科学、数学、形而上学以及知识论等领域的旨趣。此后，柏拉图仍然将苏格拉底作为主要对话人（尽管柏拉图最终也撰写了很多苏格拉底并不在场的作品），毕竟，柏拉图差不多所有的思考都是从老师苏格拉底那里伸展而来的。不过在这个过程中，重点已然向着恢宏理论迁移；此等情形之下，纠弹并瓦解苏格拉底的那些对话人提起的观念，顶多也只能算是次要野心罢了。

《斐多篇》算是柏拉图在形而上学理论化王国的第一次全力冒险之举，后来的对话则自然是以此为主要关切了。要理解《斐多篇》，就必须熟悉他的早期对话之一，《美诺篇》。《斐多篇》的对话人之一西比斯（Cebes，苏格拉底密友圈的成员）宣称，所谓学习不是别的，就是一个回忆的过程，因为今世所学的一切，前世都已经习得了，只不过是后来忘记了而已；西比斯的此番主张足以将《斐多篇》和《美诺篇》的关联揭示出来了。依据这样的看法，所谓学习不过是找回失落的知识，而不是什么新的开始。当人们要求西比斯重述一下这个令人震惊的知识论观念的时候，西比斯给出了如下回应："你可以向人家提问，只要你问得好，他们自己就能给出所有的正确答案，倘若他们并没有相关的知识，内心里也没有正确的解释，那肯定是做不到的。不妨再用图表之类的东西试一试，那将再清楚不过地表明，情况就是这样。"这场问答以及西比斯提及的图表，也都出现在《美诺篇》里面。

《美诺篇》在《斐多篇》之前，其开篇是一个深受高尔吉亚影响的富家子弟向苏格拉底发出问询：美德是否可教。苏格拉底回应说，在回答这个问题之前，必须先确定什么才是美德。仅仅论定一个人约定俗成的社会角色，比如说，男人的美德就是操持公务，女人的美德就是操持家务，等等，这肯定是不够的。即便就好男人或者好女人的必备条件而言，这些规约都是正确的，那也必须解释一下为何会是这

p.34

样。苏格拉底认为，我们应当追问一下，操持公务和操持家务，这二者究竟有着怎样的共同之处可以解释为何二者都是美德。人们当然可以说，要成为美德之人，就必须行事公正、虔敬且智慧；但仅仅这些是不够的。更要问一问，为何要培育此类品性呢，原因就在于此类品性皆属美德之列，显然，美德本身恰恰就是需要予以界定的东西。我们需要知道那个整全，也就是美德本身，这些品性不过是那个整全的组成部分而已。当然可以开列一份美德清单，但这并不能告诉我们何谓美德。

多番辩驳之后，美诺最终意识到苏格拉底提了一个极具难度的问题，遂回了一个同样艰难的问题：苏格拉底的这种探究路数，究竟何以展开？即便可以开启这个探究进程，又能取得怎样的功效呢？倘若苏格拉底不知道什么是美德（苏格拉底也确实一如既往地宣称，他并没有这方面的知识），那又何以着手追寻美德呢？倘若苏格拉底碰巧遇到了美德，又何以能够将其辨识出来呢？苏格拉底则以一场实验来应对这个悖论［有时候，人们也将之称为“学习者悖论”（learner's paradox）］，《斐多篇》后来论证灵魂不朽的时候，重提了这个实验。

他们选定了美诺的一个奴隶，实验的主旨就是要验证一下一个没受过教育的人，也就是美诺的这个奴隶，能否学习基础的数学知识。这个奴隶此前当然没有接触过几何，倘若问题提得恰当，这个奴隶却也能辨别出来自己一开始想到的答案是错误的，因为这些答案导致的结果明显是站不住脚的。将这个过程继续下去，这个奴隶无须他人传授，最终也能明白如何解决面前的几何学问题。苏格拉底认为，若非依托自己内心已有的东西，这个奴隶是不可能在这条数学道路上有任何进展的。可以确认，这个奴隶此前在美诺家中不曾接触过数学，既如此，苏格拉底便推断说，这个奴隶的灵魂在前世的时候已然习得了数学知识，只是后来在进入今世的这具身体的时候，这些知识便失落了，现在则只不过是在恰当问题的引领之下找回那失落的知识。

p.35

显然，柏拉图在《美诺篇》中提起了这样的看法：很多早期对话中的苏格拉底都要求定义美德，实际上，这个要求可以正当地向着现实问题和伦理问题之外的领域拓展。换言之，如下的问题是能够拥有同等收获的：什么是三角形？什么是四方形？什么是直线？什么是点？什么是数字？什么是知识？什么是智者？什么是政治家？

仔细品读这篇对话，则不难看出，苏格拉底式的探究，就其本身而言，并不仅仅适用于伦理问题，也适用于数学。而且柏拉图似乎也暗示了，追寻这种苏格拉底式的定义以及苏格拉底对话中对定义的检验方法，这个过程本身也是可以涵盖宇宙万物的，并且也都是能有所获益的。我们可以对万物发问："那是什么？"尽管并不是所有东西都值得这么一问。

此等苏格拉底式的探究，其核心前提在于：我们感官所见的杂多事物之下潜藏着统一性。苏格拉底认为，正义当然是一种美德，勇敢当然也是一种美德，诸如此类不胜枚举，但所有这些美德的背后，乃是同样的东西作为支撑并令它们成为美德的。语言之运用，就是依托了这种杂多当中蕴涵着统一性的前提设定：比如说，谈到两个人的时候，我们会说他们每个人都是正义的，这话实际上就是说二人都是正义的。很显然，这种情况下，当然存在两个正义的人，但除此之外，还存在第三样东西，那就是二人共有的正义。柏拉图据此认为，苏格拉底之探究美德，实际上是在探究某种属性或者品性，此等属性或者品性乃是一切美德之人共有的，而且人之为正义之人，则恰恰就是因为这样的属性或者品性。

p.36

正义究竟是什么呢？我们如此设问，实际上问的并不是诸般定义的细节内容，并不是对于正义的任何其他的具体界定。我们要问的是正义本身究竟是什么东西。柏拉图希望《美诺篇》的读者去询问苏格拉底式的探究何以可能，无论是伦理学的探究还是几何学的探究。同样道理，柏拉图也希望我们思考一下，究竟是什么东西才能令我们感官所见的杂多也能够获得统一性。《美诺篇》最终并没有为那个形而上学问题提供答案，但《斐多篇》却给出了答案。本章开篇摘录的那段话，要求我们将平等本身跟我们感官所见的平等的木棍和石头区分开来。《斐多篇》中的苏格拉底坚持认为，平等并非我们感官所见之物。感官当然可以报告说，这根棍子跟那根棍子是“平等”的，但是，唯有并非身体的东西，才能关注并思考平等本身跟平等的棍子以及平等的石头之间的区别。

柏拉图的苏格拉底认为，倘若我们正确地研究几何学这样的东西，倘若我们明白，诸如几何学这样的东西乃是理念化的东西，而非物质实存，那么我们靠着仔细观察图示中所画的线段和三角形，是不可能见证平等的。任何两个物理面积都不可能是完全一样的，原因很简单，仔细观察之下，任何两个物理面积终究是会存在差异的，无论这差异何等细微。本章开篇所引的那段话里面，柏拉图的苏格拉底申述说，平等的棍子“并未达成”平等，想必柏拉图的一些读者是按照上述的思路来理解这话的意思的。不过，柏拉图却也完全有可能是这样更有趣也更合理的意思：即便有两根棍子是完全一样的，感官世界当中这两根完全一样的棍子跟二者暂时展现出来的那种数学上的平等属性，也完全不是一回事情。感官世界里面两根完全平等的棍子自然会萎缩，会腐朽，但面积或者体积的完全平等所应当依凭的标尺本身，却不会随之变化。这些平等的棍子，无论其材料是什么，其本身都绝对不会是用来检测平等的标尺；它们也许能满足平等之标尺（无论是否有人确实会去测量），但是那标尺本身终究不会是可朽坏、可消亡之物，也不会是感官可见之物。因此，说平等的棍子未能达成平等，全然是因为平等的棍子并非平等本身，因此也就不值得像探究平等本身那样予以探究。真正的几何学研究，并非实地测量棍子或者石头之类的东西。若要探究平等，我们自然也不能依循这样的方法。

p.37

从几何学转入伦理学问题，这并不是什么大的跳跃。会存在完美的人吗？所谓完美之人，就是融人类的一切优点于一身的人，并且这一切的优点还都臻于最大可能的完善。还是说，所有人都有着一定程度的缺陷，时不时地会沦落到不公、愚蠢以及其他的不堪境地呢？柏拉图似乎认为，无论一个人是何等之好，都不能依托现世的血肉之躯来理解人的善好，即便确实存在无瑕之人。相反，我们必须思考善好本身，并以此等抽象典范作为标尺来衡量我们的种种渴念以及事工。也许确实有人集结了所有的美德（就如同有可能存在完全平等的棍子一样）。这样的人物当然有着巨大价值，但是我们也必须明白，此类人物终究是没有达成善好本身，就如同完全平等的棍子并未达成平等本身那样。说一个人是完美的（或者绝大多数情况下，说一个人并非完美），我们定然是要依凭完美之典范。完美之典范本身，而非某个理想化的人物，才是伦理思考的题中之义。柏拉图的“形式”恰恰就是这样的典范。

p.38

4

“形式”世界

来客：……这就如同有人尝试将人类分成两个部分，就如同人们日常里将物品分门别类一样，将希腊族群同别的所有族群分隔开来，自成一类，其他的所有族群则统归另一类……将他们统称为“野蛮人”，这意思就是说，仅仅依凭这么一个统一的称谓，“野蛮人”也就成了一个单一的族类。或者也可以说，这就如同有人将数字“10000”同别的所有数字划分开来……并以一个名字来统称别的所有数字……（《政治家篇》，262c-d）

苏格拉底：若是能依从自然的联结将各类事物梳理廓清，而不是像糟糕的屠夫那样强行破解……这当然不会是无谓的工作……我自己就喜

> 欢这样的区分和归类，斐德罗……而且，倘若还有人能够辨识出众多事物当中天然存在的一致性，那么我想我会将此人视若神明，予以追随……有此等能力者，我通常将他们称为“辨证家”。（《斐德罗篇》，266c）

在西方哲学家谱系当中，柏拉图最早提起如下观念：存在一个抽象之物（abstract object）构成的王国；并且柏拉图也是第一个就这些抽象之物的性质及其对人类生活之意义展开思考的西方哲学家。柏拉图本人并没有可以跟“抽象之物”对应的用词，不过，今天，这个语词已然入驻了很多哲学家的专业术语库，用来指涉并不具备空间实存且也并非由物理学意义上的物质材料构成的存在物。比如说数字，今天的人们普遍认为数字就是这样的抽象之物。数字4就肯定不是像钻石之类的具体之物，跟四颗钻石当然也不是一回事。我们在商店橱窗里当然能看到四颗钻石，某天，这四颗钻石也完全有可能被毁掉，但数字4却是不受物理事件的影响的。

p.39

柏拉图发现存在抽象之物，亚里士多德接受了此一发现，亚里士多德认为，诸如这个白色的东西或者那个白色的东西，这些都是我们熟悉的具体之物，除了这些，还有一种不同的实存，亚里士多德称之为“普遍之物”。就刚才的例子而言，这当然就是颜色，两个东西分享了白色。具体的一张白色桌子，可以是木质的，可以是铜质的，也可以是石头制造的。但是白色却并非由任何材料构成，因为白色并非物质实存。同样的道理，柏拉图称之为“形式”或者“理念”的东西，跟我们日常可见的材料实体，也完全不是一回事。

柏拉图和亚里士多德一致认为，拥有某种属性的事物（比如说白色的桌子、平等的棍子）和事物拥有的属性（比如说桌子的白色、棍子的平等），并不是一回事。事物拥有属性，这一点已然是再平常不过的常识。因此，我们的实存清单定然将拥有属性的事物和属性本身都涵括在内了。但二者却是不同的两种实存。属性本身是可以被很多事物共享的。但拥有属性的具体事物，比如白色的桌子和平等的棍子，却是不能被其他事物分享的。

不妨拿太阳当例子，就更能明了上述的不同了，我们谈论太阳的时候，自然是在指涉一个具体的东西，这个东西距离另一个我们称之为“地球”的东西，大约有九千三百万英里。不过，我们也可以拿“太阳”这个词来指涉一大批跟我们熟悉的这个太阳有着共同属性的星体，这共同属性将它们归为一类。我们熟悉的这个太阳（乃是空间中的一个具体物体，由氢和其他物质构成）拥有作为太阳的属性，而“太阳”则是指涉那么一个炽热的物体，太阳的属性却是抽象而非具体的炽热之物。太阳当然是极端炽热的，但是抽象之物却不热也不冷，因为抽象之物并不属于物理世界。拥有温度以及其他特性的事物，并非唯一的实存。也并非所有的事物都是由分子构成的，虽然分子的运动和能量赋予了具体的事

p.40

物以温度。

柏拉图对“形式”的探讨，有时候被称为“形式理论”，但我们也不可过度理解“理论”一词。倘若理论所指涉的是一套精细、系统且详尽的命题体系，诸如我们在数学、物理学、化学以及生物学领域追寻的那种东西（当然，有时候我们对哲学、文学理论以及所谓“人文学科”的其他领域，也有这样的诉求），那就完全不能说柏拉图有着任何的形式“理论”。柏拉图的作品里面显然是没有此等意义上的理论的，我们能看到的不过是一系列有关上述事物以及一系列必须予以解决的问题的松散看法和想法，倘若我们真的想加深对这些事情的理解的话，这些就是柏拉图的作品能够提供的。柏拉图全然相信，他所说的形式或者理念是存在的，不过，他的对话作品却也表明，若要进一步探究形式是什么，可是要面临众多难题的。“形式”不是什么，在这个问题上，柏拉图是最能确定的：确切地说，“形式”并非感官所能触及，“形式”不会消亡，不会变化，不会在时间中存在，也不会在空间中存在，“形式”也并非由任何质料构成。说白了，“形式”并非存乎我们心灵当中的纯然理念，它们的存在终究是独立于人的任何感知和认肯的。因此，我们切不可因为柏拉图偶尔会用“理念”一词来指涉“形式”而被误导。我们是借由推理来理解“形式”的；确切地说，靠着观察可见事物，我们是不可能对“形式”有任何理解的，无论我们观察得多么仔细，要对“形式”有所把握，我们靠的是

p.41

类似于数学家们演证三角形之时所用的那种思考方法，当然也类似于苏格拉底在摧毁其他对话人的教义之时，所用的那种思考方法。

柏拉图的对话从未明确说过具体有哪些“形式”。显然是有“虔敬”之“形式”的（只需读一下《游绪弗伦篇》就可以了）。显然也存在“平等”之“形式”（可见《斐多篇》）、“善”之“形式”（《理想国》）以及“美”之“形式”（《会饮篇》）。当然还可以在这份清单上补充其他的很多“形式”，毕竟，柏拉图还有其他的很多对话作品。不过，我们倒是希望柏拉图确认一下这份清单所依托的原则究竟是什么。我们也需要找到办法去确定这个“形式”世界的居民究竟是什么样的。

柏拉图在《斐多篇》里面倒是提点了一个答案。在那里，柏拉图的苏格拉底先是论证了灵魂进入今世身体之前，对平等之形式定然已经是有所了解的，接着，苏格拉底便申述说：“……我们在出生之前……便不仅知晓了平等，而且也知晓了更大的和更小的东西，以及诸如此类的所有东西。毕竟，我们现在探讨的虽然是平等本身，但实际上我们的这个探讨也适用于美本身、善本身、正义本身、虔敬本身……所有这些，我们都冠以‘本身’这个词，无论是提问的时候，还是回答的时候。”

柏拉图的苏格拉底还申述说，体量问题就牵涉多种“形式”，而且柏拉图也完全可以补充说，形状问题（诸如线段、三角形、四方形等）也是如此。同理，也会存在所谓的“价值相关的诸般形式”，诸如美、善、正义、虔敬等。若是通读了柏拉图的全部对话作品，实际上还可以补充诸多其他的形式集群，比如：自然界之事物（火、马）、人造物（床、桌子）、社会角色（哲学家、政治家）乃至高度一般性的概念（存在、同一性以及变化），这些都是有着各自的形式的。不过，究竟是什么将这份清单统摄起来并赋予其一致性呢？“形式”宇宙的成员，究竟是凭借什么得到成员资格的呢？ p.42

《斐多篇》中的苏格拉底申述说，他有关平等的理念也适用于“那些我们冠以‘本身’一词的东西，无论是提问的时候还是回答的时候”，这话仅仅是就上述问题尝试性地提供答案而已。所谓的提问，应当是指诸如《游绪弗伦篇》《拉凯斯篇》《卡密德斯篇》之类的早期对话里面，苏格拉底的那种提问方式，确切地说就是，什么是虔敬？什么是勇敢？什么是节制？《斐多篇》里面的苏格拉底申述说，但凡就某个事物提起苏格拉底式的问题，就必须将事物“本身”，也就是“形式”，同虽然分有这个“本身”但跟这个“本身”完全不是一回事情的众多事物，区分开来。比如说，善本身就跟众多善的事物完全不是一回事情，虽然后者分有了前者。

此番一般性申述激发了进一步的问题：究竟为何要进行这种苏格拉底式的探究呢？“苏格拉底对话”预设了这样一个前提：我们使用的种种伦理语词，背后都深藏着一种统一性，这种统一性是独立于我们而存在的，等待着被发现。比如说，我们会说战场上的某种行为是勇敢的，但也会将“勇敢”用在政治人物身上，显然，诸般行为是不一样的，但都达成了某个一致的标准，这样的标准是存在的，军事行为和政治行为之所以都能够以“勇敢”来形容，乃是因为它们都达成了这个单一标尺。不过，除非我们已经发现了一切勇敢行为背后的那种统一性——无论此类具体行为是何等不同，否则的话，我们自然就绝对不会知晓勇敢本身乃是一种单一的事物。那么，这是不是意味着苏格拉底式的提问方式，诸如“勇敢是什么”之类，就是错的呢？我们是不是必须设定，我们是在探究那背后的统一性，尽管这个设定本身并无任何依据？倘若苏格拉底式的提问并无正当理据可言，那么柏拉图的哲学方法也就整体失效了。不过，目前得出这样的结论尚显仓促。

军事上的勇敢和政治上的勇敢也许不会有任何重要的共同之处，因此，将“勇敢”一词用在二者身上的时候，我们很可能是在动用两种截然不同的标准；这个可能性确实是不能忽视的。我们用同一个词来形容身体的勇敢和政治的勇敢，这本身并不能保证勇敢无论在哪里都是同样的事物。我们完全有可能习惯了用同一个语词来涵盖两种不同的现象，而且，两种不同的现象也完全有可能应当用不同的语词来称呼，而不是人为地将其统摄到某个单一语词之下。平日里的语言习惯不免会让我们用“勇敢”一词来涵盖军事行为和政治行为，将此等判然有别的行为统摄到这样一个单一词汇下

p.43

面，此举很可能并不恰当。倘若并不存在某种单一之物或者语词来论定所有的勇敢行为，那也就不存在“勇敢”这样的单一属性，当然也就谈不上勇敢之“形式”了。要确认所有勇敢行为的背后乃有着某种统一性，并且正是这种统一性将所有这些行为归入“勇敢”行列，唯一的办法就是提出并捍卫一种有关“勇敢是什么”的理论。若要证明确实存在勇敢之属性（也就是“形式”或者“普遍性”）这样的东西，那么证据就是有关勇敢的一种理论，这种理论能够展示众多具体行为背后的那种统一性。

柏拉图似乎确信，存在很多很多的“形式”，其中，一些“形式”乃对应于我们的道德语词、数学语词等。不过，若要证明柏拉图的这个看法，我们就必须代表柏拉图成功地推展一个持续的哲学工程；确切地说，我们必须找到相应的理论来证明我们的如下直觉：我们所运用的道德语词、数学语词等的背后乃有着一种等待着被发现的统一性。如此一来，实际上便可以将柏拉图视为一项哲学研究规划的创立者，而非一套已然完整的思想体系的创制人。

柏拉图的一些论说不免给人这样的感受：存在一种可以对应于所有普通名词的“形式”，此种“形式”之存在，则解释了为何同一个普通名词可以用在多种事物身上。比如说，《理想国》中的苏格拉底就曾申述说：“我们通常都会为同一名词指称的众多事物设立单一的一个‘形式’。”据此，柏拉图显然是认为，我们可以依托我们的日常语词，以之为

p.44

向导，去找寻事物的属性，毕竟，语言乃反映了那塑造了很多代人思想的区分性和统一性。

不过，柏拉图也承认，我们的日常语词作为实存之索引，也并非不会犯错。日常语词终究是人发明的工具，跟人类的一切工具一样，日常语词也会因为设计糟糕而无法达成目的。人们通常认为《政治家篇》写在《理想国》之后，在这篇对话中，主要对话人乃是一个从埃利亚前来造访雅典的无名访客，此人批评了希腊语“barbos”一词乃是人造属性，这个词译作“野蛮人”或者“外邦人”。“蛮族”一词涵括了一切有着非希腊属性的人，显然，如此用词十分狡诈地扭曲了事实，对此柏拉图心里也是明白的，毕竟，如此用词，就等于是将“非希腊”视为一种单一且统一的属性，但事实上，非希腊人涵括了众多重要族群。埃利亚来客并不反对以某种方式划分人群；也不怀疑希腊人有着自己的特质，毕竟，人类当中的任何亚群体都会有自己的特质。在埃利亚来客看来，希腊语“*ethnos*”（种族、民族或者部族）一词自然意味着切实的区分，但根本不存在“野蛮人”或者说是“非希腊人”这样的东西，即便确实有“barbaroi”这样一个语词予以指涉。

今天的世界主义视野不免令人们对柏拉图有所抱怨，认为柏拉图本应当让《政治家篇》中的埃利亚来客怀疑一切的宗族或者民族区分，而不仅仅是希腊人和“野蛮人”这样的区分。不过话又说回来，我们倒也确实应当承认，让语词的区分全然代替切实的思考，对于其中的危险，柏拉图是能体认的。就如同埃利亚来客申述的那样，任何基于语词的划分，如若其涵括人数超过了一万，那就不会是好的区分之道。一万之外的人群，很难有任何共性可言，除了一个纯粹的名字，换言之，这些人并不分有任何的属性，说白了就是不会分有任何的“形式”。

p.45

柏拉图当然不会认为开列一份清单，将一切的“形式”都囊括进来，会是有价值的事情。创制一份囊括了所有属性的清单，这本身就不是什么有意义的事情。柏拉图转而建言哲学家们仅就于人类生活有着重大分量的“形式”展开探讨，诸如正义、美、善、爱、统一性以及存在等。

同时，柏拉图也主张设置宽泛的区分框架。要理解任何重大现象，最好是将这个现象置于涵括了诸多其他现象的分类表当中，当然，这些现象彼此之间应当既存在差异，也有着相似之处。《斐德罗篇》中的苏格拉底申述说，要理解什么是爱情，就必须将爱情归为“疯狂”的一种“形式”，据此跟“疯狂”的其他“形式”进行比较，看看区别何在。换言之，疯狂本身只有一种，就如同生物界的“属”一样，但这个“属”却是涵括了诸多的“种”。包括《斐德罗篇》在内的几篇对话（比如《智者篇》《政治家篇》）里面，苏格拉底常常会用“属”（kinds，*gene*）这个词来指涉应当由哲学来理解的实存，并且将哲学家们在这项哲学工程当中用到的特殊技艺称为“辩证法”（dialectic）。（所谓辩证法，其意思就是两人之间的对谈或者口头交锋，苏格拉底式的盘诘就是典型的范例。即便是康德和黑格尔意义上的辩证法，冲突观点之间的对峙观念，也仍然有着十足分量。）本章开篇摘录的《斐德罗篇》的那段话里面，苏格拉底申述说，辩证法的目标就是“依循自然关节，穷尽所有种属，不可有任何中断，否则的话，就会像是一个拙劣的屠夫那样。”说白了，辩证法之道，就是要看到“同样也自然地蕴涵在杂多当中的统一性。”

这意思其实就是说，诸般“形式”定然是要彼此交织，形成一种复杂的关系格局，若一个一个地单独予以理解，显然是没有可能的。因此也就不用奇怪，柏拉图的那些旨在逐一且单独探究某种单一属性的伦理短篇，最终都没有达成任何像样的结论；而且柏拉图自己似乎也有过这样的表示。也许，柏拉图撰写此类对话，其意图就是要让读者意识到，单独探究“勇敢是什么”之类的问题，其效能是有限的，我们应该同时问一问“正义是什么”，或者就其他美德，也同时提起同样的问询。因此，我们倒是可以转而将“苏格拉底对话”，也就是早期对话，视为一条脉络，柏拉图则先是依循这条脉络，对诸般道德现象逐一展开单独探究，由此将这种探究方式的局限揭示出来。无论是哪种情况，都存在一种根本性的统一化前提观念，这样的前提观念贯穿并指引了柏拉图的所有这些作品，这个前提观念就是：世界乃划分为独立于人类心灵的诸般实存，至于此类实存究竟是什么，语言顶

p.46

多也只能算作不完善的指引。诸如正义、爱以及美等，可算是最具分量的实存，柏拉图的早期对话暗示了，要发现此类实存的性质，乃是有着极大难度的。

一切有价值的存在物背后，都有着非物质的、独立于心灵的实存作为基础和支撑，柏拉图的这个论题，乃是西方哲学史上最具影响也最具争议的观念之一。亚里士多德部分地追随了这条道路，他赞同存在诸多“普遍之物”，但他也认为，道德哲学并非植根于抽象之物。苏格拉底死后不久便崛起了诸多哲学流派，其中一些信奉形而上学便全然是物质之物的天下。比如伊壁鸠鲁派就认为，一切的实存，即便是灵魂，也都是由不可见的原子构成的。斯多亚派也奉行物质主义。基督教哲学家自然是支持柏拉图和亚里士多德的反物质主义，但其中一些人倒也认为，普遍之物乃是依托了心灵的。进入现代，很多哲学家选择了追随康德，认为唯有心灵之造物才能被人认识。晚近以来，则有一些哲学家开始相信，体现于人类语言当中的一切区分都是人为的、武断的，不过是政治和经济力量的反映而已。他们说，所谓的正义、善以及美，纯然是社会建构，除了一时一地的主导观念不会有别的任何根基可言。这其实就是当代的普罗泰戈拉主义。很显然，柏拉图为之倾尽激情的那些问题，仍然是我们今天的问题，这就是为何柏拉图仍然是我们哲学圣殿之成员的原因之一。

p.47

5

爱与美

……无论谁，只要在朝向爱欲的事情方面被培育引领到这里的境地，渐进而且正确地观照诸美的事物，在爱欲的路途上已然抵达终点，他就会突然一下子向下瞥见某种神奇之美及其自然。这种美噢，苏格拉底，先前的所有艰辛都是为之付出的啊。首先，这美是永在的东西，既不生也不灭，既不增也不减；其次，这美既非一方面美，另一方面却丑，也非这一时美，那一时又不美，既非既与美的东西相关，又与丑的东西相关，也非在这里美，在那里却丑。既非对一些人是美的，对另一些人又是丑的。而且，这美既不会被爱欲者自己想象成比如一张脸、一双手或者身体分有的任何某个别的地方，也不会被想象成任何一个说辞或者任何一种知识，或者被想象成

> 任何在某处的某个东西——比如在某个生物身上、在地上、在天上或者在别的任何东西上；毋宁说，这美自体自根，永是单一形相。所有别的美都以这样一种方式分有这个自体自根的美，即当别的美生生灭灭，这美却丝毫不增不减。……如果他看见美本身，看见纯粹、洁净、精致的美本身——丝毫不沾染世人的血肉、色泽或其他许许多多会死的蠢东西的美本身，甚至有能力向下看到那神一样的单一形象的美本身的话……如果某个世人对美本身瞧上一眼之后，用自己必需的灵魂能力去观看美本身，并与它在一起，他的生命会变得低劣吗？（《会饮篇》，210e-212a，迪俄蒂玛的谈话）

柏拉图的形而上学不仅确信存在抽象之物，更确信其中一些抽象之物要比其他抽象之物更具分量。美、善和正义尤其贯穿了人类的思想和欲望。可见世界里面的美对人们总是有吸引力的，人们对可见世界的丑则自然也是会有排斥的。人们在做决定之时，从来都是说什么对自己好，什么对自己不好。我们的制度若不正义，我们通常都会疏远政治，不过有时候这样的不正义也会点燃革命野心，催动人们去找寻一个更为正义的世界。倘若我们洋洋自得，自认我们未经检省的美、善以及正义观念都是正确的，那我们很容易就会走入

p.48

歧途，甚至走向毁灭。什么东西才是美，才是善，才是正义，对此，我们的观念很可能都太过局限了；有些东西，实际上是丑的，是坏的，是错的，我们却冠之以美、善和正义这样的语词。柏拉图的形而上学绝不会脱离我们日常生活当中的实际决策。我们必须对诸多“形式”，比如美、善以及正义等，实施检省，否则的话，一旦理解错误，就会导致我们的生活出现大错。

柏拉图认为，人天然喜欢美，喜欢善，但不会天然地爱正义。必须教人对待他人正义，而且，除非人们认识到正义的美和善，否则的话，人们就不可能学会体认并赞赏正义这个美德。因此，善和美是优先于正义的；必须依托善和美来探究正义。柏拉图进而认为，善和美之间的差别其实很小。二者都必须依托数学语式加以理解，诸如比例、和谐以及平衡等。人对于善是有着一种审美感受的。人们眼中善的东西，非常切近于有吸引力的东西，或者精美的东西，抑或有魅力的东西。不过，很多现代哲学家将道德价值和审美价值划为两个不同的王国。他们认为，善好之人无须关心美，对美的体认和欣赏并非道德行为。柏拉图则并没有做出如此决然的切分，这恰恰就是柏拉图的形而上学和伦理学的部分魅力所在。《会饮篇》致力于理解人类的爱美之心，这篇对话恰恰也充溢着伦理意味，乃至政治意味。

p.49

令人们生出美感的东西实在是太多了：歌曲、诗篇、自然之物，诸如清朗夜空中的星星等，好看的人体，以及善良或者高尚的行为等，尽皆在列。在这个问题上，柏拉图对话乃提起了这样一种观念：在人们日常熟悉的所有美的事物之外，还有一种事物，它的美跟人们日常所见所感的美完全不是一回事情，这就是美之“形式”的美。

美之“形式”自然是一种属性，而我们所见所感的美的事物，则只不过是拥有这种属性而已。不过，本章开篇摘录的那段话，似乎是申述了更多的东西，确切地说，美之“形式”本身就是美的，而且它的美超越了其他任何东西的美。这样的美显然是至高的，因此也就令美之“形式”本身有资格成为人们一切渴念和欲望的终极目标；对美本身的关切，因此也就应当置于人类生活的巅峰之地。这就是狄俄迪玛（Diotima）的主张，而且，但凡对《会饮篇》有个清明的理解，便都不难发现，这也正是柏拉图本人予以认肯并向读者推举的主张。

柏拉图认为，这个可见世界里面那些确实是美的东西，当然会吸引我们，这很正常，诸如年轻身体的性魅力，比如星体及其数学般精准的运行轨迹所展现出的极具美感的对称，这样的美有着同样的吸引力；但是，柏拉图同时也认为，至高的美乃归属于超越空间、时间和物质性的东西。柏拉图对美的体认既是入世的，也是出世的，他将两个王国联结起来。这就是为什么《会饮篇》能引发众多不同读者群的共鸣。

美之“形式”以及狄俄迪玛对于美之“形式”的观念，

乃是《会饮篇》的精义所在，这部作品虽然说是对话，但也只能是松散意义上的对话，毕竟，其主体内容由六篇演说组成，基本上没有对话发生。这些演说赞美了爱神“厄洛斯”（Eros），具体地点则是一场饮宴，参与者包括苏格拉底以及当时的诸多名人，其中就有《云》（*Clouds*）的作者阿里斯托芬，阿里斯托芬在这部剧里面嘲讽了苏格拉底（希腊语“symposion”的意思就是“聚饮”）。亚西比德（Alcibiades）的闯入令这个聚饮之夜来到了高潮。亚西比德，雅典的一个突出政治人物，也是将军，伯罗奔尼撒战争期间，为了躲避渎神指控而叛逃斯巴达。亚西比德显然是来晚了，酒酣耳热之际，发表了一篇颂辞演说，但不是献给“厄洛斯”的，而是献给苏格拉底的，后者是他的恋欲对象。里面对苏格拉底以及二人关系的描摹，可谓古代世界一切人物肖像作品当中最令人印象深刻的。

p.50

柏拉图明确指出，献给“厄洛斯”的六篇演说以及献给苏格拉底的一篇演说，部分内容是可以互补的，但其他的内容则是相互冲突的。那个聚饮之夜，有关“厄洛斯”的谈话，肯定有些内容是不能接受的，不过，那些演说究竟有何洞见，又有何扭曲，柏拉图却是留给读者自行斟酌、评说。当然，读者也要问一问，亚西比德就自己跟苏格拉底的失败关系所作的陈词，究竟能给自己提供怎样的哲学教益——如果有的话。

阿里斯托芬的演说包含了《会饮篇》里面有关爱欲关系

之心理力量的最生动呈现。阿里斯托芬申述说，很久以前，人类都是球形生物，有着两套面相和两套器官；确切地说就是，两张脸（在脑袋的前后两侧）、四只胳膊、四条腿、两套性器官等。因为这种双重机能，那个时候的人拥有可怕力量，甚至威胁到诸神。宙斯遂决定将人一分两半，如此，每个人便只有一张脸、两条腿，而且也不再是球形的了。然而，此举乃引发了意料之外的后果：每个人在同自己的另一半躯体分离之后，时刻渴望着同另一半复合。从前，存在三种身体，其一，有着两套男性性器官，其二，有着两套女性性器官，其三，则是男女混合，此等情形之下，在身体分为两半之后，便催生了三种情爱，其一，男-男之爱，其二，女-女之爱，其三，男-女之爱。

此番申述，乃将人类欲望植根于神话之缘起，据此，同性关系也就跟异性关系同样自然，同样值得追求。柏拉图当然也跟这篇对话的所有参与者一样，能体认同性情欲那潜在的价值。实际上，早期对话中的苏格拉底就是这样一个人，他会找寻俊美的年轻人作为谈话伙伴，部分原因就在于年轻身体的诱惑力。但是柏拉图并不赞同男-男关系和女-女关系。《斐德罗篇》和《法律篇》里面的主要对话人也都认为，同性关系的双方最好不要性交。

p.51

阿里斯托芬乃给他这个玄妙的人类变形故事增补了一个元素：宙斯将人一分两半，激发了两半的复合欲望，此后，一旦两半发现了彼此，就会用胳膊抱住对方，并拒绝对方离开。他们最大的欲望就是生长在一起，重新形成一个球形整体。结果在找到对方并紧紧抱在一起之后，人类便彻底无法劳作了，甚至活活饿死，因为他们不能忍受停止抱紧对方。宙斯见状，心生怜悯，遂实施了第二次变形，将生殖器从后面移到前面，于是，每个人都可以在享受性爱之后，转而从事日常劳作。如此来看，所谓性爱就是对身体结合的渴望，借由拥抱部分地达成了身体的结合；至于性满足则并非性爱的目标，而是一种机制，借由这种机制，可以暂时缓解一个人拥抱另一半的渴望。

阿里斯托芬的这个神话故事美感十足地表达了人心的一个深沉且经久的特点，那就是渴望身体上的亲密关系，比如说，人都渴望触摸、亲吻、拥抱爱人，渴望同爱人性交。这个故事当然也表达了这样一种观念：每个人都有且仅有一个完美伴侣；确切地说，这样的完美伴侣并不是那种拥有颇具吸引力的一般品性的人（毕竟，这样的品性绝非仅限于一人，甚至可能很多人都具备），而是一个独特的人，说白了也就是那个激发了另一半身体复合欲望的人。

然而，接下来倒是要问一问，阿里斯托芬的这个奇妙故事何以能够剥除其神话形式，并转化为一种理论，用来表达情欲之爱的价值和性质。阿里斯托芬宣称，我们都渴望找到仅有那个另一半并与之结合，但阿里斯托芬终究是需要确定，若不依托那个人类变形的神话，究竟如何找到那个独特的人。而且阿里斯托芬也应当说明，我们对身体之亲密关系

p.52

的渴望，这里面究竟有何价值，当我们确实达成了这种关系的时候，这里面究竟有何价值。阿里斯托芬的意思似乎是说，同某人结合的欲望乃是一种赤裸裸的心理倾向，必须将之视为无可更易的必然性。阿里斯托芬显然不曾询问这里面究竟有何价值，也许，这个故事根本就没有可以回答这个问题的资源。性交往往会造出子嗣，人类就是靠着这个传宗接代的，阿里斯托芬则将此视为人类性器官之当前安排状况的偶然副产品而已。若如此，则真正有价值的地方，就在于性交疏解了人类的性欲，而非性交本身，因为这样的疏解令人类可以暂时地从事日常劳作。柏拉图显然不会希望自己的读者对阿里斯托芬演说的这些方面感到满意，于是这场聚饮便转向苏格拉底，希望从苏格拉底那里得到更好的理论来解释亲密关系和性关系。柏拉图很可能也希望读者去问询一下，阿里斯托芬的演说里面，究竟有哪些东西是值得拯救的。

阿里斯托芬演说之后，便是本次会饮的主宾阿加同（Agathon）的演说。阿加同之后，便轮到苏格拉底发表“厄洛斯”赞辞了。苏格拉底讲述了自己从狄俄迪玛那里听来的东西，不过，在此之前，苏格拉底还是通过盘诘阿加同，确立了初步论题。大家都赞同，所谓爱，就是对某人或者自己所缺的某物的强烈欲望。既然是欲望，则跟所有欲望一样，都是指向未来的，毕竟，对于自己已经拥有的东西，人是不会有欲望的。倘若某个人说自己想致富，这话的意思要么是说，这个人目前还不富有，希望将来变得富有，要么就是说，这个人想将目前的财富延续到未来。因此，所谓爱，就是植根于爱欲之人的欠缺或者不足；确切地说，就是丢失了某件东西，而爱就是那种让欲爱之人找到丢失之物的力量。

苏格拉底乃将此思路拓展开来，他宣称，他接下来有关爱的陈词将会重申自己跟狄俄迪玛的对话。那场对话里面，狄俄迪玛告诉苏格拉底，不应当将爱仅仅理解为指向某人。爱可以指向任何事物，只要一个人认定这个事物是好的，并且热切地希望拥有这个事物。“所谓爱，乃是希望好的东西永远为自己所有。”换言之，未来的任何时候，我们都是心有爱欲，要拥有我们渴念之物的；若有可能，我们自然也希望永远拥有好的事物。比如说，热爱生命的人，就希望永远活着。狄俄迪玛接着提起这样的看法：繁殖乃是人类用来表达其永久拥有好东西之欲念的方式，当然，动物也是如此。生孩子的欲望，恰恰就是表达了用很像自己的人来取代自己的欲望；孩子将来则会如法炮制，制造自己的下一代，如此不断循环往复。其中，人之内心是有着某种力量的，这种力量导致了人所珍视的繁衍，动物也是如此；这力量促动人类力图成为一条永恒链条的组成部分，这个链条则由彼此相似之物构成，因此，这链条上的所有人都珍视同样的好东西。这就是为什么美能够在我们的生活中扮演如此重要的角色：我们都需要一个伙伴，一起完成生殖繁衍，而且我们都会选择有吸引力且美的伙伴，这也是赤裸裸的事实。就如同狄俄迪

p.53

玛说的那样，坠入爱河的人都希望“在美中从事繁衍”（give birth in beauty）。

在阿里斯托芬的“厄洛斯”叙事中，生殖仅仅扮演了很小的角色，说白了，在阿里斯托芬看来，生殖不过是因为性器官重置而来的偶然副产品而已，此重置的目的则是性满足，而非繁衍后代。但是在狄俄迪玛这里，所有的爱欲，包括性交在内，是生物体拥有一件好东西的方式，为此，才会繁衍他们所珍视的好东西。狄俄迪玛谈到了两种怀孕。其一是人们通常所说的那种，身体的怀孕，这是身体诱惑的结果，最终会产下孩子。这种怀孕实际上表达了人们对活着的欲望。还有一种怀孕则更高一级，那就是灵魂而非身体的圆满，这就是一个人在追寻一个有着美好心灵品性的人时所处的状态，他要同这个人共同孕育绝美的思想和言词，而非身体意义上的子嗣。此等情形之下，欲爱中人要孕育的是诸般观念，那是关于善好事物的观念，他和爱侣则是要拥有这样的观念，并且也传递给其他人，当然也要传递给后人。如此来看，狄俄迪玛所想的，是这样一种关系：在这种关系当中，彼此之间之所以会产生吸引力，会产生美感，是因为品格之优秀，而且二人所关切者并不仅仅是彼此，也包括优秀品格能否一直延续到遥远的未来。狄俄迪玛的“厄洛斯”观念同阿里斯托芬的“厄洛斯”观念显然是存在鲜明反差的：在阿里斯托芬看来，爱侣所关切者全然是对方一个人，也就是另一半，二者之间的爱欲并无任何更为宏大的社会目的可言。

p.54

此等思想上的怀孕自然会引领爱侣更为充分地探究内心的诸般观念，狄俄迪玛遂描述了优秀爱侣在这个过程中定然要经历的一系列步骤。他们一定要学会不要过于看重身体之美（这边再次凸显了他的爱欲理论跟阿里斯托芬的爱欲理论乃有着何等差别）。他们必须明白，除了身体而外，还有太多不同的东西都可以被称为美德。他们终将明白，蕴涵着美的事物并非仅仅是诸如颜色和声音这样的感官事物，也涵括了诸如社会制度、法律以及各个知识门类；在这个过程中，他们关于美的观念也就经历了一个持续成长的过程。如此一来，到了某个阶段，他们在见识了各种各样的美之后，自然就会触及美本身并对之有所理解；而这样的美恰恰就是本章开篇摘录的狄俄迪玛的那段对美的呈现。倘若我们知道如何借助这股心理力量来为善效力，那么“厄洛斯”能够给予我们的最大福祉，应该就是令我们关切这样一种事物，这种事物的美超越了所有其他的美的东西。在阿里斯托芬看来，所谓“厄洛斯”则是一种令身体结合并将其他的一切悉数屏蔽在外的力量。狄俄迪玛则提供了一副截然相对的画面：借由“厄洛斯”，人们得以感受并接纳有着吸引力的事物组成的整个世界，而那最美的事物则高居这个世界的巅峰。

然而，爱欲会不会也成为生活当中的一种毁灭力量呢？

p.55

阿里斯托芬和狄俄迪玛都没有提起这个问题。二人的爱欲观念，虽然存在众多差异，但都忽略了爱欲完全有可能存在病态、躁狂乃至疯狂的方面。柏拉图在其他对话里面处理了爱欲之毁灭潜能这个问题，尤其是《斐德罗篇》和《理想国》。坠入爱河之人，在嫉妒、愤怒以及占有欲的驱使之下，完全有可能向对方提出过分要求。即便在有可能伤害爱侣的情况下，他们也会寻求性满足和亲密关系。他们会对他们臆想中的或者觉察到的竞争对手生出恨意，而且具体的环境因素也完全有可能驱使他们毁灭他们所爱之人。但是在《会饮篇》里面，唯有亚西比德在酒酣耳热的躁动状态之下发表演说，提醒人们爱欲的黑暗面，而且，亚西比德显然是来晚了，并未听到其他人所作的陈词。

在柏拉图那个时代的人们眼中，亚西比德肆意无度，是一个有着巨大政治和军事天才的人，同时也野心勃勃。他跟苏格拉底的亲密关系，乃是苏格拉底在公共生活当中遭人怀疑的原因之一。亚西比德的这份演说，毕竟是六份演说中最后出场的，享有顺位之利，演说本身也可算是《会饮篇》中最为出彩的章节，这在很大程度上是因为这份演说证明了苏格拉底的人格力量。不过，这份演说也证明了误解将以怎样的方式摧毁情爱关系。亚西比德认为自己能够借助身体魅力来诱惑苏格拉底，他之所以要诱惑苏格拉底，则是因为他觉得苏格拉底作为回报，将会教他如何变得有智慧，就如同苏格拉底是普罗泰戈拉那样的智者或者高尔吉亚那样的修辞家。亚西比德获悉苏格拉底也在这聚会之上，便即刻赶来并向苏格拉底靠近，柏拉图则即刻将“厄洛斯”的暴烈潜能提点给读者。柏拉图的苏格拉底遂向阿加同发出恳请："你能否保护我一下……我都不能看一眼有吸引力的男人，也不能跟有吸引力的男人说话，一个都不行，否则的话，这个人（亚西比德）就会醋意大发，而且怒火中烧……他还会破口大骂，勉勉强强地才能克制住，不向我动手。所以……要是他试图对我动用暴力……你可要保护我啊……"苏格拉底此番陈词，也许会有喜剧夸张的成分（苏格拉底不至于真的以为那个男人会动手打他吧？），不过话又说回来，人们对"厄洛斯"暗含的暴力元素也都是相当熟悉的，苏格拉底此番陈词的效力则正在于此。

p.56

亚西比德的这份演说当然可以向读者传递诸般教益，其中之一就是：即便亚西比德这般控制欲和权力欲十足的人，也有有魅力的一面，毕竟，亚西比德这等人物能够辨识并认肯苏格拉底这等罕见人物的卓越德性，并且也有着见贤思齐的渴念，尽管这样的效仿是何等粗简。即便是此等破坏欲十足的人物，也拥有向善的潜能，这个观念其实是《会饮篇》的那个更大论题的组成部分，这个论题就是：一切生物，包括动物在内，对于这世界的有价值之物，都是有着天然接纳能力的。我们都会被美吸引，都会设法将美化为己有。倘若这天然的接纳能力没有接受教育，那便只能导向身体意义上的生殖繁衍，而且很容易沦落到暴力和控制境地。美和善乃是紧密关联的，我们需要理解这一点，而且若要"厄洛斯"将其潜能发挥出来，我们也需要更好地理解善是什么。要做到这些，我们就必须如同狄俄迪玛说的那样，“接受爱欲事务上的教育”，并且“以正确顺序”关切“美的事物”，直到我们切近“爱欲的目标”，这目标就是理解那最美的事物，说白了就是美的抽象“形式”。不难体认，其中既有深深的乐观，也有深深的悲观，此等乐观和悲观深沉交织的脉络贯穿了《会饮篇》，甚至贯穿了柏拉图的所有作品。主宰着人类的诸般内心力量，令人类得以碰触有价值之物，并令人类有可能更好地理解美和善。但是爱欲及其恰当的对象终究是人类很难理解的，任何人都难以阅尽这个世界以及超越这个世界的美的事物。

《会饮篇》乃将“厄洛斯”呈现为一种混溶了自私元素和利他元素的力量，而且这种混溶是相当复杂的。阿里斯托芬的演说，虽然不乏缺陷，但也足以清楚地揭示此情状，毕竟，阿里斯托芬的这份演说乃将“厄洛斯”视为这样一种驱动力，这种驱动力既回应了人自身的至深需求，也驱动一个人同另一个人结合。竭力找寻自己的另一半的人们，实际上也是在尝试治愈伤口。同另一半重新结合，由此重归完满，这当然是一个人自己的利益所在。不过，这并不意味着这个人就是有意将另一个人用作达成一己之目的的工具。这个人只不过是想跟另一个人共同生活，并同另一个人合而为一罢了。这个人的另一半则也会用同样的方式予以回馈。很显然，双方都是在考虑自己的同时，也在考虑另一半。 p.57

狄俄迪玛的演说实际上已经涉及了这样的观念，尽管其神话外壳已经被剥离，并且其中的心理学元素也已经跟柏拉图的“形式”理论融合起来。柏拉图的一个核心观念就是：人们的大量行为背后都有着爱欲的力量作为驱动，这爱欲的力量既表达了人的自爱，也表明了人渴念着融入一个共同体，渴念着同这个世界所有的美的事物取得和谐。如此，便不可剪灭爱欲背后的自私，而是要对之实施教育。

当然不乏各种理论，要求并呼吁人们摒弃所有的自私自利，要不就是要求人们将自私自利服从其他的考量；有必要将上述爱欲观念跟此类理论比较一下。比如说，受康德影响的哲学家们不免会认为，推进他人的幸福乃是道德责任，寻求自身的幸福则跟道德责任无涉，并且道德责任从来都要优先于其他的选项。掺杂了自身利益考量的行为并无道德原则可作依托和支撑，因此，其价值就没法跟植根于道德责任的行为相比。还有些哲学家则接受了包括穆勒在内的功利派的影响，他们认为，一个人倘若能够令众人的福祉最大化，那么这个人就应当牺牲一己之福祉。基督教思想家同样给予无私奉献他人的行为以最高的赞誉。相形之下，柏拉图同人类当中如此普遍的自我中心主义相处起来则是要融洽得多。柏拉图的观念当然不是说一个人应当只爱自己，也不是说一个人爱自己要胜过爱别的任何人。阿里斯托芬呈现的爱人，既是在回应自己的需求，同样也在爱另一半，说白了，那样的爱人并没有在自己和爱侣之间做任何大的区分。柏拉图大致也是如此，他借由狄俄迪玛之口申述说，但凡在爱欲事务上接受过良好教育的人，他们所爱的将会是整个美的世界，因为他们都明白，这样的爱才能最好地促成他们的利益。可以这么说，但凡认为爱他人并爱自己不但不冲突而且还互补的人，《会饮篇》都将是他的基础读本。

p.58

6

向善而行

苏格拉底：你看，世人就像居住在地下如同洞穴一样的地方，它有一个长长的出口，贯穿整个洞穴，向光敞开。世人从小就住在这里，他们的双腿和脖子都被捆绑着，因此只能留在洞里看眼前的东西。他们被捆绑而不能向四周转动脑袋。在他们背后的上方和远处燃着一个火把，为他们提供亮光。在这个火把和这些囚徒之间，有一条向上的道路，路旁可以看到筑了一面矮墙，就像耍木偶的人在世人面前放了一块帷幕，以便表演他们的木偶一样。……你会看到，在这面墙旁边，有些人举着形形色色的道具，把他们高高伸出墙头，包括石头、木头和所有材料做成的人像和动物像……

格劳孔：你描述的这个意象好生怪异啊，那

些囚徒也好生怪异啊。

苏格拉底：他们就像我们。(《理想国》，514a-515a)

美之“形式”乃是《会饮篇》的核心，因为美之“形式”乃是爱欲的至高目标，同理，善之“形式”乃是《理想国》的核心，因为善之“形式”乃是知识的至高目标。这两篇对话的关键对话则是有着显著的类似：《会饮篇》里面，狄俄迪玛描述了“爱欲事务的教育”，借由这样的教育，爱人越发地意识到有那么一个宏阔的美的世界，值得自己去关注，在这个过程中，自己所爱之物的美也在不断提升，最终得以享受美本身的意象。同理，《理想国》第七卷，苏格拉底也描述了那么一个数学和科学探究的进程，但凡有心成为哲学家的人，都需要在这个进程中接受砥砺。这样的探究令探究者得以接触越发真实且清晰的事物，最终得以理解那个最为重要的属性，这就是善之“形式”。

p.59

本章开篇所摘录的对话，来自《理想国》第七卷的开篇（《理想国》分为十“卷”，说是“卷”，其实更应当称之为“章”，甚至是“节”）。这段话呈现了一个有心成为哲学家的人所必须经历的过程的第一个阶段，而且，不仅有心成为哲学家的人是如此，任何追寻更好生活的人，也都是如此。此番对话将我们自己比作困守洞穴的囚徒，此比照乃是柏拉图作品里面最让人难忘也最让人烦扰的意象之一。在此，柏拉图的苏格拉底谈到这些囚徒的时候，说“他们跟我们一样”，这里的“我们”可不仅仅是指参与对话的人，而是指涉所有人。我们所有人生来就处在奴隶状态或者囚徒状态，若不经历一番斗争，是没办法找到通往更明亮、更幸福世界的道路的，我们所有人对我们处身其中的这个世界的了解和观念都是有限的，唯有经历斗争才能克服这个缺陷。倘若我们想背身离开洞穴的墙壁，或者在别人的帮助之下，也确实转过身了，但我们仍然处身黑暗当中，不过，最起码，我们对世界的观念已经不是那么扭曲了，也不是完全被控制了。倘若我们未能意识到我们所关注的东西不过是影子而已，那么我们将依然被那些将影子投在洞穴墙壁上的人完全操控。

《理想国》从头到尾都是一部政治作品。“理想国”这个标题本身（republic，希腊语的“politeia”一词，相当于拉丁语的“res publica”一词，意思很简单，就是指“公共事务”）就是指涉其公民品性，而且苏格拉底的洞穴比喻很显然是有着政治意涵的。苏格拉底接着申述说，倘若囚徒足够幸运，得以从这奴役中解脱出来，他们也将发现自己很难适应已经改变了的导向，惰性不免令他们自觉面对洞穴墙壁的日子更好，毕竟那是熟悉的环境，他们很容易辨识他们熟悉的东西。洞穴里明火的亮光会灼伤他们的眼睛，他们不得不逃回奴役状态。若是将囚徒强行拖出洞穴，则定然需要相当时间他们才能适应外面比火光更亮的光芒，因此，在探索自然世界的时候，他们必须首先在夜间研究星辰、月亮，在白

p.60

天则是首先研究阳光投下的影子，据此弄明白太阳之于一切生物的巨大意义。如此，他们才能真正明白，外面的生活要好很多很多。倘若他们返回洞穴，帮助仍然在里面的人们，那他们就必须经历另一段适应期。一开始，洞穴里的囚徒会比出去的人更好地辨认出墙壁上的影子，因此，定然会对宣称见到更好世界的人倍感蔑视。

洞穴居民之于前来解救之人一开始的敌意，当然是在比喻普通雅典人之于苏格拉底的那种反应，尽管如此，我们也不可认为柏拉图的意思就是认定普通人与那些已然见识过世界之重要属性的人之间必定是敌对关系。《理想国》呈现了一个假定的政治共同体，这个共同体由哲学家和非哲学家组成，彼此非常和谐且相互欣赏。《理想国》的主要对话人是阿德曼图斯（Adeimantus）、格劳孔（Glaucon）（这两个都是柏拉图的兄弟）和苏格拉底。柏拉图的两个兄弟并非哲学家，不过，尽管初始导向跟苏格拉底不一样，但他们都赞同那些探究过“形式”的人在公民生活当中有着重大作用，尤其是探究过善之“形式”的人，而且，但凡社会状况能够涵养温和、友善的共同体，所有公民都会意识到并承认这一点。

善之“形式”，柏拉图的苏格拉底申述说，类似于太阳。可见世界的万物，无论其存在还是其可感知性，都依托了太阳的温度和光亮。同样，所有的“形式”，无论其存在还是其可认识性，也都依托了善。此番申述确实让人困惑，

p.61

不过，柏拉图的意思应该是说，观瞧一个拥有好的秩序的宇宙，我们就能最好地理解宇宙的结构，这样的宇宙乃是均衡、有序且和谐的。不管怎么说，《蒂迈欧篇》中的谈话人蒂迈欧（这篇对话要晚于《理想国》）也曾主张，可以将这个世界视为神圣造物主的作品，是这个造物主将这个世界转入一种有组织、有秩序的状态，为此，造物主参照了永恒形式，据此创造了与之极为类似的事物。蒂迈欧认为，这个可见的世界绝不完善，不过，这个世界也蕴涵着相当的秩序，足以表明这个世界出自这样一个心灵，这个心灵依托有缺陷的材料建造了一个尽可能好的世界。柏拉图认为理解善之"形式"乃是至关重要的事情，这就是原因之一；确切地说，对善之"形式"的理解，有助于人们更充分地体认这个可见宇宙的并非完美的秩序性，原因很简单，理解了善之"形式"，也就理解了那个完美的模板，而这个世界正是那神圣心灵仿照这个完美模板而创造的。

柏拉图也许更愿意认为，善之"形式"乃是有着至尊分量的，就因为善本身在日常思考和日常行动领域发挥效能的那种方式。当然，我们绝少会停下来思考现实行为的终极目标何在，但柏拉图认为，我们为我们自己、为朋友和家人、为同胞公民所做的一切，都潜在地接受了善的观念对我们的指引。在这个意义上，可以说善在我们生活中扮演了比美更重要的角色。我们的一些行为当然可说是好的、高贵的或者美的。但显然并非我们所有的行为都可以这么形容。比如说，我们会保持健康，我们之所以这么做，是因为这么做对我们是善的，但显然不能说健康就是高贵的或者美的。同理，我们会寻求朴素的享受和快乐，因为我们认为那是善的，即便不能说是高贵的或者美的。这些足以证明善之于我们生活的重要地位，这些自然会促动柏拉图支持这样的设定：哲学的至高目标就在于善之“形式”，说白了，善之“形式”正是从洞穴攀升到朗朗晴空之下的这个过程的顶点。 p.62

倘若将《理想国》看成一座建筑，则其地基就是这个设定。这部对话乃是在探究正义之性质，这部对话要解决的问题就是，正义是不是“善”。柏拉图似乎认为，仅仅说某种状况是正义的，这是不够的。做一个正义的人，这本身必须是善的，否则的话，人们便会对正义生出疑虑。《理想国》的苏格拉底就是要演证这个论题，这个论题显然是需要探讨的，而且柏拉图对此定然也心知肚明，否则的话，他就完全没有必要耗费如此心力，去写这么一部长且复杂的作品来确立这个命题了。其中一个对话人是名叫色拉叙马霍斯的修辞学教师，此人在第一卷出场，对此论题提起反驳；格劳孔和阿德曼图斯则在第二卷予以跟进和补充。柏拉图则暗示说，在更为充分地理解善之前，不能指望这个分歧得到化解。这个看法看来是全然在理的，毕竟，在弄清楚什么才是善的之前，怎能确定正义就是善呢？

然而，在善是什么这个问题上，《理想国》几乎没有说什么，顶多也就是隐含地予以提点而已。实际上，在苏格拉底提起洞穴比喻之前几页的地方便已经触及这个问题了。在那里，柏拉图的苏格拉底申述说，很多人将善等同于快乐，但这肯定是不对的，毕竟存在坏的快乐（人们体验这样的快乐乃是坏的），当然有人会认为有些事情对某些人来说是坏的，但对自己来说是善的，这样的观念完全是胡说八道。

柏拉图的苏格拉底也考量了这样一种看法：所谓善就是知识。但苏格拉底也只是指出，所谓知识从来都意味着知道某种东西，就这么一带而过地结束了这个论题。因此，倘若将善等同于知道某种东西，那么我们就无可避免地要探讨知识的对象是什么。当然不能说是善。因为善恰恰就是我们要去理解的东西。

p.63

于此，便等于是迅速地否决了这两种界定善的办法，其一是将善等同于快乐，其二是将善等同于知识。柏拉图的苏格拉底接着便提出，借由类比的办法来更好地理解善，具体来说，善在“形式”之宇宙所占据的地位，就如同太阳在可见世界占据的地位。不难看出，《理想国》恰恰缺了苏格拉底认为最重要的东西，那就是对善的阐述。对此，倒也不必太过吃惊，毕竟，《会饮篇》也有类似的沉默，那里面的狄俄迪玛告诉我们说，美是爱人上升之旅的至高目标，但狄俄迪玛并没有阐述美究竟是什么。

柏拉图的其他作品都不曾对美和善作出定义。《理想国》中的苏格拉底定义了正义和诸多其他美德，但没有定义善。不过，后期对话《斐利布篇》（*Philebus*）倒是对这个问题略有提点。这部对话开篇提起的问题，乃重审了《理想国》就善是什么这个问题提供的两种可能解决办法：善究竟等同于快乐呢，还是等同于知识？《斐利布篇》中的苏格拉底和普罗塔库斯（Protarchus）在一番对话之后给出了如下回答：不能将善全然等同于其中任何一种心理状态，因为仅凭其中任何一种状态都不足以建立一种完全值得的生活。无论我们有着多少的快乐，若我们缺乏知识，也都将错失一些可欲的东西；同理，无论我们有着何等的知识，若是缺了快乐，我们的生活都将变得更为糟糕。单凭其中一项，并不足以达成善的生活，若要达成善的生活，必须融合二者，而且还要比例恰当。在更为一般性的层面上，苏格拉底和普罗塔库斯都认同：无论多么复杂，倘若诸般元素以和谐且均衡的方式融合起来，就能成其为善，因此，倘若诸般构成元素全然处在恰当的秩序状态，那就能称其为善。说白了，所谓善，就在于诸般构成元素的均衡的统一状态。

p.64

《理想国》的苏格拉底描述了一种理想的政治共同体，在这样的政治共同体里面，和谐和统一感灌注了全体公民，显然，作为和谐、均衡或者统一的善，贯穿了苏格拉底的理想政治共同体。苏格拉底申述说，对任何城邦来说，最大的善就在于团结，就在于遏制敌对派系的发展。同理，对个体来说，最大的善就在于内心的统一。成为一个统一的整体，不仅对被统一的事物来说是善的，而且更应该说，被统一本身恰恰就是善之所在。

柏拉图显然也认为，事物之均衡、和谐、匀称以及统一，就是美的，如此，善和美便有着很是紧密的亲缘关系了。美学和伦理学，一者研究美，一者研究道德，因此必须融合起来加以探讨，毕竟，二者力图理解的东西乃是紧密关联的，很难将其拆分开来。柏拉图甚至留出了这样一种可能性：二者乃是一回事。

善是一种单一的属性，跟美很是切近，是理解宇宙的核心，是伦理和政治考量的首要向导；柏拉图的这个观念被公元3世纪的普罗提诺及其学派全盘接纳，这个学派则于公元4和5世纪时对奥古斯丁产生了深刻影响，后者则是最为伟大的基督教哲学家之一。基督教的上帝扮演了柏拉图的善之“形式”的角色，不过，在基督教这里，上帝乃是至高心灵，并非抽象属性。在某种意义上，基督教要比柏拉图主义更容易理解一些，毕竟，我们都更容易理解一个心灵是何以创造一个有序宇宙的，相形之下，善之属性本身何以拥有创造力量，这一点却不那么容易理解。不过从柏拉图的角度来看，包括基督教在内的任何宗教，倘若未能将“形式”视为终极实存，那便不会有太大意义。神圣心灵也必须接受自身之外的完美模板的指引。p.65神圣造物主也必须依凭善之“形式”，以之为标尺来统领宇宙。既如此，则宇宙秩序之终极解释乃在于善之“形式”而非上帝。

其他哲学学派则对柏拉图有关善的理论提起了诸般反对意见。柏拉图在很多对话里面都反对将善等同于快乐，但是柏拉图谢世几十年之后，伊壁鸠鲁学派在雅典崛起，将幸福等同于快乐，并据此赢得了众多追随者。伊壁鸠鲁主义仅仅维持了聊聊几个世纪的时光，基督教将善等同于上帝，这种观念可算是柏拉图主义的近亲，主宰了中世纪。但是，进入现代，众多哲学家复兴了善就是快乐这个伊壁鸠鲁命题，此思路乃于19世纪在杰里米·边沁（Jeremy Bentham）和约翰·斯图亚特·穆勒（John Stuart Mill）的功利主义体系当中臻于顶峰。"最大多数人的最大幸福"（the greatest happiness of the greatest number），此著名论题，在某种意义上可算是柏拉图主义在现代的重生，因为这个论题应和了柏拉图的如下观念：善乃是一种单一属性，并且应当将善奉为行动的终极指南。不过，功利主义也在多个环节背离了柏拉图：比如说，功利主义将善等同于幸福或者快乐，而非和谐秩序；又比如说，功利主义并不认同柏拉图将善奉为可见宇宙之有序格局的背后支撑。功利主义全然是一种实践哲学，柏拉图所寻求者则不仅仅是实践指南，更是要寻求一个可以用来理解可见宇宙内外万物的框架。

亚里士多德倒也提供了一种关于善的理论，可以作为柏拉图关于善的理论的替代项，亚里士多德反对将善视为一种单一的、统一的属性。他认为，很多种不同的事物都是善的，但是令这些事物成其为善的，并非某种单一的属性。在这个问题上，柏拉图和亚里士多德的分歧难以化解。20世纪早期，一个名叫G. E. 摩尔（G. E. Moore）的英国哲学家提起了这样的看法：尽管没办法定义善，但也正如同柏拉图主张的那样，善乃是一种属性，这种属性存在于我们的一切善p.66的行为当中。善之存在，独立于我们的欲念；不过，倘若有足够清晰的体认，则是能够直觉地体认到哪些事物有着此一属性，哪些事物则是没有的。摩尔有关善的观点在20世纪道德哲学当中扮演了一个核心角色，他的一些反对者则采纳了一个颇近似于亚里士多德的立场。他们认为，探讨什么是善的，也就是那种清楚明白的善，此举毫无意义。我们当然可以合情合理地探讨*对某人来说*什么是善的，同样也可以合情合理地讨论善的诗篇、食物以及纸牌游戏等。令这些事物成其为善的，并非什么单一的属性，各个事物的善乃是不同的，只能具体情况具体对待。

对此，柏拉图的回应不难猜测：我们将众多事物都称为善，在所有这些事物当中，我们都发现了和谐、匀称或者均衡。比如说，善的食物，乃是一场均衡宴席的组成部分，美的艺术品则满足了我们的匀称感，善的纸牌游戏则定然不会太容易，也不会太难。很难评估柏拉图有关善的观念，但那样的观念倒也并非全然没有意义。柏拉图的哲学蕴涵了众多元素，跟其他元素一样，柏拉图有关善的观念并非全然虚假，也并非全然真实。这就是为什么柏拉图的作品仍然值得p.67品读的原因之一。

7

定义正义

> 苏格拉底：天生的鞋匠只做鞋而不做任何其他事情，木匠只做木工，诸如此类，这个原则只是正义的……某种幻象……事实上……正义所关乎者并非外在的事工而是内在的作为……令灵魂里面的三个部分不会彼此侵夺……如此才能自己统治自己，让自己变得有秩序，与自己做朋友，令三个部分和谐一致……（《理想国》，443c-d）
>
> 苏格拉底：根据灵魂里面各个部分的本性，确立彼此之间控制与被控制的自然关系，这就产生正义；违反本性来确立彼此之间控制与被控制的关系，这就产生不正义。（《理想国》，444d）

洞穴比喻在《理想国》占据了一个核心位置，这个比喻以单独的一个突出意象和叙事将柏拉的图形而上学、知识论、伦理学以及政治哲学的重要元素悉数囊括。要充分体认洞穴比喻的意涵，就必须明了这个比喻在这部对话的整体框架当中所扮演的角色。这个比喻乃是一套精细论证结构的组成部分，毕竟，《理想国》虽然设置了多种论题，但实质上却是统一且精妙的整体，并且仅仅聚焦于一个任务，那就是详细阐发正义理论并论证正义是一个人可以拥有的最大的善。上一章我们已经谈到，在柏拉图看来，一件事物的善在于其各个组成部分的统一。《理想国》本身就是这方面的一个例子，展现出各个组成部分之间的和谐，显然，《理想国》也因应了我们用以评判所有人类作品的那个标尺，诸如诗歌、雕像、哲学对话、桌子以及房舍等，柏拉图很可能是将这部对话本身也用作例子，来支持自己关于善的理论。

p.68

《理想国》的很多“卷”，彼此之间或多或少都是连贯的，不过，第一卷却由对话者们自己跟其他卷隔离开来了。对话者们于第二卷开篇转入正义问题，这当然是重新起航了，毕竟，此举等于在阐述正义是什么之前就确立了正义之善。于是，对正义的定义便成了整部对话的主题所在。柏拉图的苏格拉底在第四卷结尾宣称，已经找到正确的定义了，尽管看起来这个定义尚需进一步打磨。核心观念在于：人之灵魂由三个部分组成，理性、激情和欲望，所谓正义，就在于各个部分各归其位，各司其职。理性必须掌控激情和欲望。柏拉图当然明白，这套理论若要有说服力，就必须将理性、激情和欲望各自统治灵魂之时的状态展示出来，如此才能让人更为充分地予以体认。完全由理性掌控的那种生活，乃是《理想国》的核心画面，达成这种生活的人就是哲学家，哲学家已然理解了善之“形式”。后续各卷，柏拉图则呈现了激情统治之下的生活画面，并呈现了诸多被欲望主宰的人物，以此完善了整体画面。

苏格拉底以及其他的对话人都不怀疑，正义对待他人，能够给他人带来诸般利益。不过，对话者们关心的问题是：做正义的人，能否给正义之人自己带来益处。第二卷开篇，格劳孔和阿德曼图斯便开始唱起反调：二人申述说，没有人会为了正义而正义，这些都是人之常情，毕竟，法律和社会规约虽然保护人们不受谋杀、盗窃以及其他不正义行径的侵害，但遵守法律和社会规约本身，对人们终究形成了限制，有了限制，人们自然不愿受束缚，自然会想着将其推翻，至少有些时候会是这样的。倘若能够秘密地做下不正义的事情并避开通常会有的后果，也就是法律惩罚、社会孤立等，那么人们基本上就不会关心正义了，毕竟，此等情形之下，所谓正义只不过是一种限制，人们接纳正义，则只不过是因为若要他人正义，自己也必须正义而已。苏格拉底则要证明这样的正义观念是错误的，于是他论证说，正义本身乃是大善，在这样的大善面前，做正义的人事实上要比做不正义的人更好，在这样的大善面前，社会后果实际上已经是无关紧要的了。

p.69

格劳孔和阿德曼图斯认为，若能逃脱惩罚，则人们不免会行不正义的事情；请注意，这份论证是存在一个漏洞的。

格劳孔和阿德曼图斯只是说，差不多所有人都“想”这么做。但苏格拉底偷换了概念，他问的是：是否“应当”做这样的事情。不正义之人当然能够满足自己的众多非法欲望并享受种种快乐，这些都是正义之人不知道的；这个情况是没有问题的。但是，满足一己之欲望和快乐，不管究竟是怎样的欲望和怎样的快乐，除非能证明此等行为永远都是善的，否则的话，便无法作为理据，来支持人们去做不正义的人。《理想国》第九卷阐发了这样一种快乐观念：快乐的价值取决于给人快乐的事物的价值。倘若能够证明，做不正义之人会给灵魂造成伤害，那么不正义带来的任何快乐，就都是坏的快乐。

一些哲学家，尤其是现代的一些哲学家，认为柏拉图在《理想国》中走入了歧途，因为柏拉图似乎是先行认定了正义是这样一种品性：唯有能带来益处的时候，人们才会去获取这种品性。一件事情，全然因为其是正义的，所以才去做，难道这不是足够的理由吗？正义对待他人，就是善待他人，难道这不是足够的理由吗？这些哲学家不免发出这样的问询：为什么一定要证明一个正义的行为同时也应当给我们带来好处呢？康德的追随者们就经常对柏拉图的观念提起这样的质疑，他们认为，道德之人之所以要做道德上正确的事情，全然是因为那是道德的律令。倘若正义要求我们信守承诺，那我们就应当信守承诺，这就是全部的理由。至于好处，可能会有，也可能没有，这无关紧要。之所以必须信守

p.70

承诺，完全是因为若违背承诺，也就违背了道德律令。

然而，我们切不可过于仓促地就认为，柏拉图为正义寻找自利理据的举动，就真的能证明，自利是柏拉图唯一认肯的动机。《理想国》当然承认，自利是一个强大动机，而且也承认，倘若不予以引导，让人们恰当理解自己的利益，那么后果无论对自己还是对他们，都将会是灾难性的。“什么对我是善的？”这个问题当然是正当问题。然而，若要真正回答这个问题，我们就必须面对更加宏大的问题：什么对一切人都是善的？善究竟是什么？哲学显然不能回避这些问题。

善好之人出于道德意识而遵守普遍性的道德正确原则，我们不必对这个康德命题多有纠缠，因为这个命题并没有给柏拉图的观念制造任何困难。事实上，遵守道德原则恰恰要求对善有恰当的理解。道德原则要求我们去做对他们也是善的事情（同时也留出空间，让我们去追求自己的善）。倘若我们对善的理解有缺陷，也就无法履行我们的道德义务，帮助他人达成他们的善。无论如何，我们的责任不仅仅是善待他人，更要追寻那真正的善。

《理想国》的主旨就是要证明，即便没有来生，也有着最为强烈的理由去成为正义之人，而这则完全是因为正义本身就是今生的大善。柏拉图认定，倘若我们对正义的爱掺杂了对来生的期许，希望在往生世界得到有利的判决，那我们就犯下了可怕错误。此观念令柏拉图同整个基督教时代很多

p.71

人信持的观念发生了冲突。柏拉图自然是宗教感十足的思想家，不过，他倒也跟世俗哲学家们共享了这样一种看法：道德美德植根于对道德美德之巨大价值的理性体认和辨析，因此，无须在往生找寻更进一步的理据。柏拉图认为，宇宙是超越秩序的有序反映，死亡之时灵魂同身体的分离会令生活变得更好，此观念显然让柏拉图成了基督教思想的盟友。但是，柏拉图同时也认为，无论灵魂是否存续，只要我们是正义的，并且具备其他的道德美德，那么今生也是值得过的，此信念则令柏拉图更为切近世俗主义，而非众多的宗教哲学。

在柏拉图的苏格拉底看来，可以先行考量对城邦来说什么是正义的，而后将考量所得用在个人身上，如此便能更好地理解正义。就如同我们更容易辨识大字母而非小字母一样，我们可以首先探究对整个城邦来说，什么是正义的，而后再去探究个人的正义，这样就会看得更清楚。（希腊语“polis”一词通常译作“city”或者“city-state”，这实际上是在提醒我们，此类政治单位要比现代民族–国家小得多，当然也紧密得多。）此方法论建言在《理想国》随后的对话进程中扮演了一个深沉的角色。自这个节点之后，《理想国》便成了乌托邦思想的演练场。在后续的对话中，柏拉图的苏格拉底一直在追问什么是最可能好的政治共同体，之所以有此追问，是因为，即便不能将这样的政治共同体付诸实践，即便不能令现实的城邦更靠近正义丝毫，我们的心灵之眼终究是可以见识到个人正义之范式的，并且可以据此指引我们在现实世界中的实际思想，无论政治环境是怎样的。

柏拉图的苏格拉底遂抛出了理想城邦观念，据此观念，城邦呈现出各司其职、各配其位的格局。本章开篇摘录的对话已然宣示，鞋匠应当造鞋子，木匠应当持守木工活。此简单观念包含了正义观念的萌芽，特别是将此观念用在个人身上的时候。实际上，柏拉图的苏格拉底很快便提点说，理想城邦应当拥有专门的军事力量和专门的政治集团，这两个群体因其本性和训练，特别适合专职负责保护城邦不受外敌和内乱侵袭，并且也要负责决策城邦的公共事务。理想城邦涵括了三个主要的协作阶层，其一是经济阶层，其二是军事阶层，其三是统治阶层。城邦制正义在于这样的原则：每个公民都应当操持自己的本分工作，不能越界，以适合自己的方式为城邦效力。

p.72

此等观念若要拿来作为参照，阐明个体之正义，那么个体则必须也拥有类似的三重结构，对应于理想城邦的三重架构，理想城邦的三重架构自然由劳作者、士兵和统治者组成。苏格拉底申述说，个体灵魂恰恰有着类似的三重结构。每个人都有物质需求和冲动，比如吃喝、性需求等，这就是个体灵魂当中的欲望部分。每个人都对人与人的关系问题很是敏感，我们都希望在竞争中有上佳表现，我们都渴念得到地位和承认，别人的轻慢都会令我们愤怒，这样的敏感和脆弱，形成了个体灵魂的激情部分。最后一点，我们在做决策之时都能对相关因素进行考量并达成决定，令相关因素都能得到恰当的权重。这便是个体灵魂的理性部分。如此来看，倘若城邦与个体灵魂的这种类比能够指引我们，那也可以说，个体之正义同样在于灵魂的各个部分各司其职，各守其界，如此才能为灵魂的其他部分做出最大的贡献。所谓正义就是灵魂的各个部分各司其职。统治灵魂是理性的职责，既如此，便可以将正义定义为理性的统治。

《斐德罗篇》中的苏格拉底借用一个突出意象，将灵魂之三重架构呈现出来：灵魂之格局，就如同车夫和两匹长着翅膀的马之间的组合，其中一匹马很是野横，另一匹则要顺服很多。此意象表明，要管束灵魂，令其如同一个有效且融洽的组合那般运作起来，有着内在的困难。马是强有力的动物，且有着自己的心思，需要极多的训练和极高的技能才能将其驯服，令它们有效地执行车夫的指令。一个好的车夫应当知道去往哪里，不可让马匹自行决定。要顺利抵达目的地，车夫必须知道如何决定，不受马匹之推拉力量的影响，还必须跟马匹建立良好关系，令马匹心甘情愿地执行指令。换言之，单凭理性，我们实际上什么事情都做不了，理性必须得到另外两个元素的支持，否则的话，理性的任何运作都是没有意义的。但是，借由理性，我们能够将我们自身之动机和倾向之外的因素都考虑进来，以此襄助我们的决策。我们能够以公民间的正义关系为目标，能够以美和善为目标，据此来塑造我们灵魂的其他组成部分，令我们得以有效地追寻这些目标。如此，我们便不难看出，为什么柏拉图会将成

p.73

为正义之人视为大善。

对人之心理的三重剖析，弗洛伊德（Freud）的读者自然很是熟悉了，不过，弗洛伊德和柏拉图的心灵观念既有近似，也有差异。弗洛伊德的“本我”，类似于柏拉图的欲望，乃是性本能的储存器，同时，弗洛伊德和柏拉图都认为，我们生活的差不多所有方面都蕴涵了情欲元素。不过，柏拉图的欲望也蕴涵了饥、渴以及物质欲念。弗洛伊德的“自我”（ego）则负责面对实存，协调灵魂的内部冲突，往往做得很是糟糕；同理，在柏拉图这里，理性乃是灵魂的决策者，而且跟弗洛伊德一样，柏拉图也认为，理性若要掌控灵魂内部强大的非理性力量，是有着极大难度的。不过，在此，柏拉图和弗洛伊德也有着重大差异，柏拉图认为，实存涵括了永恒形式，永恒形式为决策提供了至高指引，弗洛伊德的心理学则跟任何的形而上学或者伦理学元素无涉。二人关于灵魂的第三个元素的观念，同样既有重大近似，也有重大差异。弗洛伊德的超我（super-ego）表征着来自父母以及社会之道德规约的严厉且痛苦的指令，而且其中也要求人们很痛苦地放弃快乐。柏拉图的激情当然也是他者导向的，乃是诸般社会情感的基座，诸如愤怒以及得到人们仰慕的欲念等。不过，柏拉图将激情视为理性的天然同盟者，而非理性的折磨者。是否存在一种社会世界，其中所有人同自己、同他人都处在和平和安宁的状态，在这个问题上，柏拉图跟弗洛伊德一样颇为悲观，不过，柏拉图同时也认为，人类理性在最好

p.74

的情况下是能够理解世界的，能够在诸般神圣形式当中找到自己的位置，那是一个蕴涵了神圣秩序的可见宇宙，也是一套更为正义的社会秩序；如此，柏拉图的悲观便也有所缓解了。

在柏拉图看来，每个人都是拥有理性能力的，也都是拥有决策能力的。但是，并非每个人都接受过足够的训练，能够抛开激情和欲望的砥砺和促动，实施独立决策。柏拉图的那种理性，若能担当统治权能，也就意味着一个人能够考量我们自身的种种心理倾向以及主导共同体的社会规范。要做到这一点，就必须面对苏格拉底提起的那些问题，就必须回答那些问题。这就是为什么柏拉图有关正义乃是大善的论证直到洞穴比喻出现的时候才算是得以完成，毕竟，洞穴比喻传递了这样的观念：若要统治我们自己的生活，我们就必须理解什么是善。所谓正义，乃在于理性之统治，但是，除非我们认识了理性应当依凭怎样的标尺实施统治，否则便无法充分体认什么才是理性的统治。如此一来，对正义的探究和理解便最终导向另外对那至高“形式”的知识，那至高“形式”便是善的属性。

p.75

8

乌托邦

苏格拉底：创建城邦之时，我们不可让里面的任何一个集团特别幸福，而是要尽可能地让整个城邦都幸福起来。毕竟，我们认为在这样的城邦，是最有可能寻获正义的……（《理想国》，420b）

苏格拉底：他们（生活在民主体制中的人们）是自由的吗？那样的城邦充满自由且可以畅所欲言吗？在那样的城邦里面，人们有权做任何自己想做的事情吗？……这样的体制有可能是最美的体制……各色品性点缀其中，可谓五彩斑斓……这样的城邦，不会要求你担当公职，即便你有这个资格和能力，如果你不想被统治的话，也就不会遭受统治……这样的城邦……根本不会操心人们进入政治之前应当接受的历练，只要有人说了应合民众口味的话，大家就荣宠于他，这难道不是非常非常好吗？……这样的体制看来是令人愉悦的——没有统治而且多姿多彩，对平等之人和不平等之人一视同仁。(《理想国》，557b-558c)

雅典来客：人类有必要立法并依法生活，否则在各方面就与彻头彻尾的野蛮没有区别。理由是这样的：没有哪个人会因天性充分发展而认识到什么是对政治组织中的人们有益的东西，并且能在认识到这点之后，始终愿意去做那最好的。原因在于，首先，难以认识到真正的政治技艺应该照料的不是个人利益，而是公共利益……其次，即便有人充分掌握了政治技艺，知道这些事情的本质如此这般，然后作为专制者不受监督地统治城邦，他也绝不会固守这个信念，毕生把促进城邦公共利益放在首位，让个人利益追随公共利益……可朽的自然本性总会驱使他贪得无厌，将自己的利益置于他人利益之上……不过，倘若蒙神灵眷顾，出现了一个天生拥有此等能力，可以担当此等职位之人，那么此等人物自然不需要接受任何人的统治。毕竟，没有什么法律或者秩序能胜过知识，理性屈从于任何东西或者变成奴隶，都不恰当，理性应当统治一切……(《法律篇》，874e-875c)

p.76

《理想国》之后，柏拉图又写了两篇有关政治问题的对话，其一是《政治家篇》（篇幅大概是《理想国》的十分之一），其二是《法律篇》（这是柏拉图篇幅最长的作品，体量比《理想国》还多五分之一）。倘若柏拉图只写了《理想国》，他作为政治哲学家的地位也将是无可争议的。《理想国》当然是他最重要的政治作品，但也不能因此忽略了他的后期思考，否则的话，便势必会觉得，他对不完善政治共同体的日常改进并无兴趣。《理想国》呈现的那个理想城邦，柏拉图当然知道是不可能建立起来的。《理想国》显然是在探讨乌托邦政治，柏拉图这么做，仅仅是因为可以借此阐释做一个好人的价值，而无须考量现实城邦的境况。但是在《法律篇》里面，柏拉图对担当着自我统治之责的现实的普通人能有怎样的建树，展现出深沉的关切。这部对话的大量篇幅都是用来草拟细节法规的，并且也规制了精细的惩罚措施，当然，也为此类立法细节提供了很是宽广的哲学理据。此等立法材料当中，有很多其实都可以单挑出来，融入现实政治共同体的改革举措。柏拉图在《理想国》中多次主张说，理想城邦是可以达成的，里面并没有任何东西内在地就跟人性或者社会关系存在冲突。至于《法律篇》，则在细节层面呈现了一个次好的城邦，要创立这样的城邦，自然要容易很多。

p.77

《理想国》描绘的那个理想城邦（有时候也被称为“卡利波利斯”（Kallipolis），意思就是“善好城邦”），有着很多的显著特征，其中有不少都植根于苏格拉底自己所熟悉的政治和社会制度，只不过是做了大幅度改造而已。雅典是直接民主体制：所有公民（父母都是公民的成年自由男性）都有权参加公民大会并拥有公民大会的投票权，公民大会则承载了重大的公共决议之权。很多职位都借由抽签来决定人选，以此确保统治权能的平等分配。相形之下，“卡利波利斯”的统治权能，则由通过了所有智识测试的人来担当，智识测试由城邦的创建者设立，并且还要对这些人的行为实施密切监督，以此保证他们都是全心全意且没有偏私地奉献于全体公民之福祉和幸福的人。一旦通过了这些严格测试，他们便能获得无限且无约束的权能；一旦证明了自己完全值得信任，而且也是有智慧的，就不会有任何制度来拘束他们的权能。不过，还是有重要的制度举措来防范极为常见的恶政之源，说白了，这些哲学-王要被剥夺所有重要的财富和财产。如此，便不仅令他们从财富和财产牵绊中脱离出来，同时也等于是向其他公民保证了这些统治者无法以权谋私。

柏拉图的苏格拉底还承认了妇女进入统治阶层和军事阶层的资格，并在这两个阶层取消了传统的家庭制度。如此，这两个阶层的人们便不再生活在各自的家庭当中，而是生活在公共宿舍里面，这样的举措将会催生更为强烈的共同体意识。至于男女之间的婚配，则要着眼于生育最好的子嗣，抚养孩子的人将不再是生理意义上的父母，而是育儿园的专家。如此，便能够将这两个阶层的妇女从育儿的重负当中解

p.78 脱出来。既然不再受制于家事，妇女便能够将其才能服务于整个共同体。

这个理想城邦的主导原则就在于：任何能够匹配某个位置并据此造福城邦的人，便都应当来到相应的位置上。柏拉图的苏格拉底申述说，即便妇女作为一个群体，其才具不如男人，但仍然欢迎有才能的女性进入共同体生活的各个领域，统治权能也要向这样的女性敞开。如此，某些女性便可以拥有统治差不多所有男性的绝对权能。

柏拉图的苏格拉底对一切有可能促动人们走入偏私一途的社会制度都秉持敌对态度，他认为，亲属集团就会催生这样的偏私，因为亲属集团制造了圈内人和圈外人的分裂。城邦之正义要求对待所有人均一视同仁：每个人的善跟别的所有人的善都有着同等分量。哲学家负责统治城邦，勇敢士兵负责保护城邦，熟练的匠人和农人负责物资保障，因为所有的职位都应当为共同福祉效力，不能考虑职位持有者的利益。正义要求一视同仁，传统的家庭体制背离了此原则，因此，最好的办法就是用一套新的繁育机制取代传统的家庭制度。

柏拉图的苏格拉底希望“卡利波利斯”成为可行的理想，因此，他并没有提议取消所有阶层的家庭制度。但凡成功的社会制度，终究都是需要赢得参与其中的人们的支持的（无论人们一开始是何等不情愿参与其中）。普通人都希望生活在家庭里面，希望拥有自己的物质财富，诸如土地、房子、钱财等等。他们天然地希望围绕食、色以及物质财产来建构自己的生活，就如同士兵热爱荣誉和胜利而哲学家热爱学问和理性谈话一样。在“卡利波利斯”，有着各有取向的三大集团，但是，要顺应普通人的天然的家庭取向，是需要付出代价的：经济阶层的人们，因其家庭和财产取向，不可能以无私之态关切共同福祉，既然缺乏理想统治者所必需的这种品性，这个阶层的成员便不能介入城邦决策。柏拉图的苏格拉底认为，将这个阶层摒弃在城邦决议体系之外，并不会冒犯或者触怒他们。历史进程已然表明，没有政治权能的普罗大众并不会对自己的位置不满，只要他们确信统治状况良好并且还会持续下去。

p.79

“卡利波利斯”另有两个方面却冒犯到了现代人的自由民主感受：其一是官方谎言机制，其二是诗歌审查机制。在“卡利波利斯”，公民被告知，他们的父母是一样的，那就是养育他们的土地，那才是他们的家园，而且还被告知，他们的身体来自不同的金属质料（一些人是金质，一些人是银质，另一些人则是铜质），而这便决定了他们的才具以及他们的社会角色。柏拉图的苏格拉底相信，广泛传布某些神话并令大众予以接受，能够催生很是强劲的公共团结意识，单凭理性无法达成这样的效果。理性，若是经过恰当教化，当然可以让每个公民明白，正义就是他们自身的利益，当然也会让每个公民各司其职，履行自己应有的职责；但是，人并非只有理性，因此，倘若要让公民尽可能地奉献于城邦，奉献于同胞公民，奉献于自己的社会角色，那就必须引入神话作为补充。谎言便由此介入了公民生活：这是一套优生计划，令最优秀的男女进行匹配，但谎言的介入则会令这些男女误以为自己的婚配是抽签决定的。

绝少有哲学家认同任何情况下均不可撒谎，奥古斯丁和康德当然是最为高贵的例外了。大多数人都会接受一个中庸准则：国家官员唯有在例外情状之下可以撒谎，并且即便在例外情状之下刻意误导他人，也应当是并非情愿之举。柏拉图的苏格拉底支持这个中庸路线。他明白，有时候，若要统治好，统治者不得不去做一些正常情况下本不会去做的事情。p.80柏拉图的苏格拉底还支持这样一个更为宽广一些的准则：拥有哲学品性的人，不可追逐权力，不可热衷于发号施令的事情。他们更应当执着于理性对话和探究，探究最为重要的那些属性。那些已经见识过洞穴外面的世界的人们，既然已经看到了太阳，便自然不愿返回洞穴去将其他人解救出来，即便这是正义的要求。哲学家们并不愿意对他人施加权能，这也正是苏格拉底认为哲学家有资格发挥影响，对人们从奴役境地拯救出来的原因质疑。说白了，我们当然都不愿意让那些为了权力而权力的人来统治我们。

在《法律篇》里面，来到克里特的雅典陌生人是对话的主角，他认为，法律应当尽可能地设置一份序言，解释其理性依据。不能像对待没有头脑的生物那样对待公民，仿佛他们就是动物或者奴隶，可以随意支使。法律之创制，乃是为了达成有价值的目标；必须将这些目标阐述清楚，因此也就应当就立法何以达成这些目标予以申明。雅典陌生人此番陈词的意思当然不是说，法律唯有得到被统治者的普遍“同意”方为正当；不过，法律也必须让被统治者理解，如此才能让被统治者明白为何需要这些法律。一个良好的政治共同体必须是一个“开放社会”［open society，请允许我借用20世纪哲学家卡尔·波普尔（Karl Popper）的这个表达］。撒谎必须是例外而非通则。事实上，《法律篇》的对话人并没有设置任何撒谎的必要。《法律篇》呈现的这个虽非理想但也善好的社会，并不需要金属质料或者优生优育的神话。

不过，柏拉图对自由思想脉络当中的一个重要观念显然也是没有同情的，这个观念认为应当尽可能少地限制言论自由，尤其是艺术表达应当不受政治监督。《理想国》里面冲击力最大的对制度安排的质疑，就是对“卡利波利斯”的诗人所施加的强劲限制的质疑，很多诗人的诗篇都遭到重大删节，包括荷马在内，尽管这些诗篇都是柏拉图时代一切识字之人的核心教材。荷马笔下的神灵可不乏撒谎、偷盗和杀人之辈。正是因为荷马这类诗人，人们才普遍相信，只需要适度献祭神灵，便可以让自己的恶行和错误避开神的惩罚。柏拉图相信，传统的希腊宗教乃是公民生活中的一股腐坏力量，因为传统宗教拱卫了这样一种流俗观念：不正义往往有助于一己之利益。在现代，通常都是依靠国家去对食品和药物方面的虚假宣传实施禁令，同理，“卡利波利斯”在善恶、对错问题上，也不会允许一个公开的“观念市场”。

p.81

在诗歌以及其他言说形式的管制方面，《法律篇》之严厉并不逊色于《理想国》。柏拉图的苏格拉底乃认定，在应当如何行为以及什么才具备真正价值的问题上，虚假主张完全有可能挑动人心当中的欲望和激情，仅仅靠着理性的力量显然无法约束欲望和激情。政治共同体必须由理性话语予以统领（这就是为什么要为法律设置序言），但是理性话语在跟诸般非理性力量竞争的时候未必能占得上风。如此，坦率且公开的讨论便在政治王国和哲学王国都有着十足分量，柏拉图的苏格拉底在《高尔吉亚篇》里面显然坚持这一点，不过，这样的讨论也仅限于那些有心从中受益的人。

《法律篇》呈现的这个虽非理想却是善好的城邦［里面有几处将马格涅西亚（Magnesia）奉为这样的城邦］，摒弃了“卡利波利斯”的很多制度，正是这些制度令“卡利波利斯”显著不同于现实的政治共同体。在马格涅西亚，所有公民都拥有家庭，都拥有同等大小的土地，都有婚姻，有孩子，都接受军事训练。女人也参与并协助保护城邦，这样的马格涅西亚等于是印证了《理想国》的一项观念：女性应当在公共生活中担当角色，这远超希腊各城邦的现实水准。公民也没有像《理想国》那样被分为三个阶层；没有受训专门担当绝对权力的精英集团。相反，担当要职以及拥有重大议事权能的人，都是全体公民选任而来。公共生活之架构依托了一套精细的法律体系，城邦制根本大法令任何人都很难甚至根本就不可能改变此架构。所有公民，包括身居高位之人

p.82

的权力，都有着强劲的法律拘束和限制。没有人能凌驾于法律之上；只要出现恶政或者滥权，所有的官员都要有所交代。

这里的马格涅西亚当然不是作为最好的城邦予以呈现的，只是接近而已。雅典陌生人说，公民共有一切，就如同朋友那样，这是理想情状；如此则意味着彻底剪灭私人之物，比如财产和家庭。这也是柏拉图的苏格拉底为“卡利波利斯”设置的理想，如此来看，柏拉图有关最好城邦制核心要素的观念并没有改变，这核心要素便是最大程度的统一性。所有的马格涅西亚人都是允许拥有私人财产的，不过，超过一定额度的财富是要受限的，因为贫富差距不是那么大，所以，两个群体之间便也没有敌意。所有公民都接受同样的公共教育，一起履行军事责任，选举的大门对所有公民都是敞开的（甚至有些是城邦要求的），加之所有公民都参与同样的宗教、戏剧以及体育庆典，如此便催生了很是强劲的统一意识。

哲学家应当承载统治之能，此观念后来经历了怎样的变化呢？在这个激进观念上，柏拉图也许是有所改变的，因为他后来也意识到，将绝对权能赋予任何人都太过危险，无论此人经历了何等缜密的考察和训练。面对权力，人性内在地就是可腐朽的。当然也可以做不同的解释。柏拉图借助马格涅西亚的例子来证明，即便传统家庭体制维持下来，也能够达成次好的统一性，同理，他也完全有可能借助次好城邦的例子来表明，哲学理性即便在民选机制或者抽签选举机制之下也能够统摄城邦。马格涅西亚由一套很是精细的法律体系予以统摄，这套法律体系是很难更改的。公民的所有行为都由城邦大法予以规制。柏拉图的哲学恰恰是设计了这样一套大法。他将和谐视为善，正是此观念隐藏在社会统一之目标的后面，推动着次好城邦的法律体系。城邦的领导人物并非受训成为专门研究善之“形式”的辩证家，不过，柏拉图定然会将此视为诸般令马格涅西亚未能成为理想城邦的特点之一。《法律篇》的最后一卷里，雅典来客提议由城邦领导人物组成一个专门的议事会，这些人物的教育乃是哲学教育，如此，便也弱化了上述缺陷。这个专门团体被称为“夜间议事会”（Nocturnal Council），因为每次都是在太阳升起之前不久聚会，该议事会负责培育哲学理性并将之用于统治问题，即便其权能并没有明确界定。在马格涅西亚，哲学在公民生活当中扮演了重要角色，即便那里并没有什么哲学-王。

p.83

任何良治城邦都应当为那些对善和正义有着较之常人更深理解和体认的人留出空间；这是柏拉图最为根本的观念和原则。在“卡利波利斯”，此类洞见寓居于受过精良训练的哲学家们身上，这个群体担当了绝对的公共权能。在马格涅西亚，此类洞见则寓居于诸多不同的地方；比如灌注了哲学理性的根本法框架，比如“夜间议事会”，当然还有普通公民的能力和品性，只要公民没有因为经济需求或者严重不平等而归于离散，而是借由共同的教育和社会惯例而团结一致，如此，公民们是能够选任拥有榜样品性的少数人担当要职的。

柏拉图憎恶民主的地方，在于民主忽略了这样一点：城邦需要知识的指引。事实上，作为民主之标配的平等以及生活方式的自由，本身就跟如下需求存在冲突：公民生活需要建基于对善和正义的理解。民主敌视等级，并认为所有自由公民应当平等分配权力，无分品性和见解。民主敌视对选择机会的限制，因此也就限制了法律体系借由良好法律而能够达成的成就。民主的捍卫者当然有很多办法去回应柏拉图的这种攻击，而且真要说起来，柏拉图在这个问题上也肯定不是什么能够盖棺论定之人。不过也不可因此就罔顾柏拉图对民主的批评。任何成功的政治共同体都必须为知识留出一席之地，这里所谓的知识，不仅仅是技术专家的知识，更涵括了有关最为重要的目的的知识。

p.84

p.85

9

无神思潮以及其他

雅典来客（这段言说乃是针对一个想象中的年轻人而发，这个年轻人指责诸神对属人事务漠然置之）：宇宙的照管者安排万物，以此维护整全及其优越性，并尽可能让每一部分遇到并去做适合自身的事情。每个部分均安排有相应的统治者，即便是每个部分之行动和反动的微末之处也不例外，统治者们则将他们的目标推展至事无巨细的程度。你们就是其中的一个部分……你们这个部分总是奋力趋向整全，即便它微不足道。有一点你们没有注意到……万物之生成都是为着宇宙之生命成为美满的存在。宇宙并非为你们而生，相反，是你们为宇宙而生……但你们却是颇多抱怨，因为你们没能意识到，你们所做的最有益于宇宙的事情，对你们同样也是最有益的，

原因很简单，你们都源自宇宙。（《法律篇》，903b-d）

苏格拉底被判决死刑，乃是因为陪审团判定他因为渎神而触犯了雅典法律，而且，柏拉图的对话虽然反映了如下信念：一个有着深刻缺陷的城邦处死了那个时代最好的人，但柏拉图从不怀疑一个政治共同体应当规约宗教事务和宗教信仰。无论是他那个时代的希腊世界，还是众多其他的地方和其他的时代，公共权威都可以统摄宗教事务，此乃俗成智慧。教会与国家之完全分离，绝少有政治共同体尝试过这样的试验，而且真要说起来，认为二者应当分离的政治观念，虽然如今已经成为自由政治理论的一个标配，但不仅柏拉图会反对，20世纪之前的任何正典思想家想必也都是持反对态度的。

p.86

事实上，国家和教会本就不可能彻底分离，毕竟，国家无论如何都要在宗教问题上秉持某种立场。即便国家选择一视同仁地保护所有教派。比如，美国宪法第一修正案禁止国会干预宗教自由。于是，宗教便在美利坚生活当中获得了一种很特殊的地位：尽管美利坚公民自由以种种方式受到法律限制，但言论和行动若是牵涉到宗教事务，则无法予以限制，即便多数人认为参与相关宗教活动的人实际上是在相互伤害。用柏拉图的语言来说就是，美国跟众多接纳了自由政治传统的国家一样，都保证了公民可以不受阻碍地培育并运用这种心灵习惯，以此来保护虔诚之德。倘若人们继续追问为何要保护虔诚之德，那么回答很可能就是：此等德性是有着巨大价值的。

柏拉图的“马格涅西亚”同样保护虔敬之德，不过马格涅西亚并不是靠着塑造公民的宗教信仰以及宗教实践来达成这个目的。雅典来客有关马格涅西亚之宗教实践规约的阐述，在极大程度上是从包括雅典在内的古代世界众多城邦盛行的文化传统当中借取而来的。柏拉图《法律篇》并没有发明创造全新的宗教制度。希腊人借由常规的季节性庆典活动维持公共宗教活动，很多庆典都涵括了戏剧、音乐以及体育表演和竞赛活动。希腊人还以公共财政维持神庙和圣所，神庙和圣所乃是希腊人祈请和献祭之地。此外，很多人都拥有私家神龛。马格涅西亚公民同样会在公共场所花上大量时间，以吟唱和舞蹈庆祝新季节的到来，庆祝丰收等，他们认为这些都是神灵对自然世界的恩顾。

p.87

雅典来客认肯此类宗教传统，但并不能因此就认为柏拉图仅仅因为这些都是传统就会将其完整保留，不予触碰。《理想国》已然清楚表明，柏拉图有心对诸般传统实施取缔或者改革，倘若他认为能够予以改进的话。《法律篇》里面，雅典来客也曾谈到，马格涅西亚应当对私家宗教活动实施禁令，因为雅典来客认为，所有的宗教活动都应当置于公共监管之下。那么，这里面究竟有什么是让人担心的呢？很显然，那就是柏拉图的苏格拉底在《理想国》里面担心的那些东西；确切地说，希腊世界的普遍观念认为，倘若人们以私人的祈请和祭祀来贿赂神灵，是完全有可能犯下罪行并逃避神之惩罚的。宗教必须服务于共同的善，而共同的善则是一个良治共同体予以体察并界定之事；这样的观念恰恰也是“卡利波利斯”和“马格涅西亚”的共享观念。当然，“马格涅西亚”不似“卡利波利斯”那般激进，并未触碰私家宗教机制，并且也给了普通公民相当分量的政治参与权，但“马格涅西亚”同样要求所有公民均遵奉一种理性宗教，所谓理性宗教，也就是借由哲学论证淬炼过的宗教。雅典来客相信，诸神不会保护作恶者，而且他也认定，秉持异见之人会破坏公共的善。

可以贿赂神灵恩顾私人利益，并对他人利益造成损害，这是雅典来客提议“马格涅西亚”予以剪灭的三个有害观念之一，是其中的第三个。至于第一个，那就是：无神。第二个虽然承认神灵存在，但认为神灵于人类事务无涉。第二个观念吸引了很多的希腊哲学家。亚里士多德和伊壁鸠鲁学派都曾在柏拉图谢世之后不久阐发了此观念。但是柏拉图不仅相信存在一个神圣的“宇宙监督者”（supervisor of the universe），这个“监督者”在诸神的协助之下，“无微不至”地照管世界之运行，不过，这个神对人类福祉并非无动于衷，而且还要在人的往生实施奖惩。柏拉图的神圣监督者并不会凭借奇迹介入人类事务。他们并不会创造宇宙赖以构成的质料，他们仅仅是将质料加以改造，为人类提供一个有美德、

p.88

有激发力的世界。敬拜他们，实际上正是一种恰当方式，以此来认肯他们为人类所行的事工。柏拉图的宗教哲学显然有着自然神论的回声，确切地说，就是托马斯·杰斐逊（Thomas Jefferson）、本杰明·富兰克林（Benjamin Franklin）等思想家于17、18世纪所信奉并阐扬的那种自然神论。跟基督教相反，自然神论认为宗教真理全然植根于理性，并且否认神迹干预的可能性。

无神论教义以及诸神于人事无涉的观念，在柏拉图时代得到了一小撮思想家的支持，但普罗大众并不认同。在这个问题上，雅典来客并没有秉持放任自流、一切随风的态度，若是放任二者，则二者并非没有可能做大，并最终蚕食共同的善。雅典来客相信，神是存在的，而且神关心人事，若民众拒绝承认这些真理，那么城邦将因此受害，除非城邦支持这些真理并说服异见者认识到自己的错误，否则的话，这些错误观念将会广泛传布开来。雅典来客认为，在“马格涅西亚”，只要能维持良治，至少有那么一些公民有能力体认有关神之存在以及神关心人类之教义的力量。此番论证乃是在《法律篇》第十卷推展开来的。雅典来客进一步申述说，这些“法律”应当作为这个新城邦的根本大法文件保存下来，让所有的公民都能读到，都能以之为思考框架。如此，公民对关心人事之神灵的信仰，就不仅仅有了传统作为依托，更有了一套有关神圣恩典的神学体系作为依托，而且这套神学体系本身则是有着理性作为支撑的。

p.89

柏拉图是这么论证神圣之物的存在的：这个世界本来不会有运动，除非有某种实存能够推动自身和万物的运动。如此看来，唯有灵魂，而非别的任何无灵魂的东西，能够扮演这个角色。灵魂不仅有能力产生运动，也有能力对万物进行规划、设计和监督。物质宇宙之结构完全可以用美来形容，这样的美，当然不会是随意而为，也不会是纯粹的力量所为，最好的解释当然就在于强大的统治性灵魂，尽管不是全能的。天体并非没有意识的东西，而是由智性推动的。这些就是神灵，而且也都是人们恰当的敬拜对象，就如同虔敬之人一直以来所做的那样。这样的神灵不可能对人类福祉无动于衷，因为是他们确立了宇宙秩序，若说这样的神灵不关心人类生活之秩序的可能性，那确实是说不过去的。借由太阳和其他天体之运动而来的物质资源，都是在表达神对人类生活的关切。对于自然界之主导运动，人类应当予以敬畏和崇拜，毕竟，自然界所灌注的秩序是来自有着至高智性和德性的存在。人类也有灵魂，因此，人类也就跟这些神圣监督者共享了材料。说白了，人类跟神灵分享了“共同起源”，就如同本章开篇摘录的雅典来客的那段话所阐述的那样。雅典来客同时也认为，我们将神灵奉为生活之模板，这实际上就是在表达我们对神灵的体认和赞美，而且，要体认并赞美神灵，最好的办法就是参与到城邦事务当中来。神灵一直都在关切宇宙之共同的善，同理，我们也应当秉持公共精神，为我们自己这个共同体的福祉贡献自己的力量。

“马格涅西亚”可算是一种神权体制，一个由神统治的城邦，因为其创建者（雅典来客以及两个对话人）相信，神灵统治着人的生活，必须认肯公共宗教仪式之于人的至高权能。希腊语“theos”（神灵）一词，乃是《法律篇》的开篇之词，并且神圣监督之于人类的关切和福祉也是这篇对话的主题之一。不过，最重要的一点却是在于：“马格涅西亚”乃是由人之理性统治的。其统治者并非祭司，而且这座城邦也不是围绕拥有无可置疑之权威的神圣文本建立起来的。

p.90

《法律篇》主张将自己奉为所有马格涅西亚人的必读之物，公民生活则应当围绕这个文本建立起来。不过，《法律篇》的权威主张依托于理性，确切地说，这个文本规定的所有制度必须得到接纳，这倒不是因为神之意志希望如此，而是因为哲学论证支持此类公共建制。在此，我们应当明白，“法律篇”乃意在成为一个更为宏阔的哲学框架的组成部分，在这个框架当中，“法律篇”所依托的恰恰就是“理想国”的根本前提：社会统一乃人类生活当中至高之善；此一前提本身则是依托了柏拉图的这样一个设定：所谓善，恰恰就是节度以及适当的比例。雅典来客还对那个年轻人申述说，“你所做的对宇宙最好的事情，最终对你自己也将是最好的”，雅典来客的此论说恰恰就是依托了柏拉图的苏格拉底在《理想国》里面提起的论题：一个人若是在正义的社会体制当中做好自己的事情，那就不仅推进了他人的福祉，也推进了自己的福祉。

如此来看，便不可认为柏拉图在《法律篇》中已然丢失了对人类理性之力量的信心，并因此转而倚靠其他的东西，诸如信仰、权威、传统等。恰恰相反，《游绪弗伦篇》的核心观念在《法律篇》中仍然存续着。《游绪弗伦篇》中的苏格拉底认为，虔敬并非由神灵嘉许的东西组成。毋宁说，神灵自己的态度也受制于他们对虔敬的感受和看法。若神灵嘉许某人或者某种行为，那是因为神灵从中感受到某种值得他们嘉许的元素。同理，《法律篇》也将神圣存在视为理性实存，这些理性实存建造宇宙是有理由的，这理由就是：如此建造宇宙，乃是善的。说白了，他们以善为标尺来决定应该做什么，至于我们，当然也就更应该这么做了。我们的目标是为着整体的善而行动，而非为着取悦神灵而行动。

不过，还是有那么一个领域，宗教在《法律篇》中的分量是远远超越了其在《理想国》中的分量的。《理想国》里面的苏格拉底认为，在探究为何要做正义之人的时候，我们应当抛弃对神之奖惩的一切考量。正义之德于正义之人有着非同寻常的价值，因此，对无神主义者和宗教信徒都有着同样强劲的力量；《理想国》的苏格拉底在这个问题上的论证全然抛开了诸神及其对人类的关切。正义乃是大善，这是《理想国》的主要论题，认肯并接纳这个观念的人，在任何城邦都会成为出色公民，因此，这样的人生活其中的城邦，也就无需采取任何特别措施来保证这样的人认肯神之恩典的存在，就如同“马格涅西亚”所做的那样。那么，柏拉图为

p.91

何还要撰写一部不一样的对话，令对话的主角坚持认为倘若公民公开质疑神之存在及其对人的关切，那么公共权威就必须正告这些公民他们是错的呢？并且倘若不能说服这些公民，更要将这些公民处死呢？雅典来客担心无神思潮广泛传播可能会造成的后果，但是，他却并不应当担心公民会仅仅因为不相信神之存在以及神关心人，而变成不正义的人。只需要让他们品读一下《理想国》，倘若他们相信正义乃是大善这个论题，那么他们就绝对不会愿意去做不正义之事。若如此，是不是无神论者，恐怕就无关紧要了吧？

柏拉图很可能是意识到，期望整个的政治共同体信从《理想国》的复杂论证，并据此信从正义之巨大的内在价值并不现实。实际上，早期对话中的苏格拉底在面对那些对话人的时候也仅仅取得了有限的成功。柏拉图很可能因此而认定，普通公民大概率会抗拒《理想国》有关正义以及其他美德有着内在价值且因此无需宗教依托的论题。有些人无需任何的论证也可以是正义之人，他们天生就平易友善，天生就爱正义，恨不正义。倘若此等温良之人碰巧是无神论者，那么他们的无神论也是根本不会阻碍他们成为好公民的。不过话又说回来，对正义的这种天然之爱终究并非寻常之物，普罗大众的内心有着诸般力量在驱策他们偏离社会正义之要求，除非有别的力量予以对冲和克制。大多数人都极为关心自己以及自己的家人和友人，这种关心往往都到了过分的地步。“马格涅西亚”并未触动传统的家庭制度，因此也就为

p.92

诸般有可能摧毁公民之公共责任感的心理元素留出了空间。

此等情形之下，为了令公民信从公共的善，雅典来客遂求助于社会层面诸般有益的道理，这些道理涉及了普通人容易认肯的宇宙统治之道，因为这些道理很贴近普通人日常相信的东西。宙斯以及其他神灵统治着自世界，同时也关切人类的正义；这便是柏拉图时代希腊人的流行信仰，并且得到了众多诗人的背书。雅典来客认为，此类传统观念，但凡心性开放之人都是可以向其演证的。完全可以将真正的神圣实存呈现得极具智慧、极具德性，并且竭尽所能地统领人类的生活。他们绝不会让不正义不受惩罚，也绝不会让正义得不到回报。对诸神的此类申述，自然是普通人都能够理解的，相形之下，柏拉图对话里面有关“形式”以及正义之性质的论证，可完全不是普通人容易理解的了。

人类是神恩的受益者，《法律篇》的论证很容易让人以为，这个论题乃是柏拉图自己的宇宙论。不过，柏拉图倒也确实相信，自己哲学的这个组成部分能够成为公共宗教之基础，来支持一个良治的政治共同体。无神论思潮若广泛传布开来，很可能会摧毁社会正义，这确实是柏拉图担心的，不过，倒也无需任何谎言来与之对战。这个世界的普罗大众都乐于让自己成为一套更大秩序的组成部分，这是一套能够涵盖巨大时间和空间的秩序，而且能够将人之狭窄生命融入一个无尽整体和一种包罗万物的智慧当中。柏拉图没有同此等属人倾向展开斗争。相反，他认为自己找到了一种方法，可

p.93 以满足人的这种倾向，同时又无需诉求安抚性质的谎言。他构思了他的次好政治共同体，其中充溢着种种的公共宗教实践，此举并非什么创新。“马格涅西亚”的公共宗教体系，其中最值得注意的情状在于：这样的公共宗教并非植根于传统、习俗或者权威，而是植根于哲学理性，这样的理性，但凡心性开放且有着足够智性的人都能够理解并体认。在“马格涅西亚”，政治权威之终极源泉在于人类心灵理解什么是善的能力，在这方面，“马格涅西亚”丝毫不逊色于“卡利波利斯”。

柏拉图的宗教、道德和政治思想不但本身极为丰富，而且硕果累累，令后世众多哲学传统从中受益。对基督教思想家来说，柏拉图提起的论证支持了灵魂不朽，支持了神圣且关切人类的造物主的存在，也支持了道德生活的至尊分量。但是，当现代欧洲哲学家们越发广泛地接触了希腊和罗马世界的作家群体之时，柏拉图的对话也为他们挑战基督教传统教义提供了弹药。柏拉图哲学当中的至高实存，乃是善之“形式”，而非人格化的神。他承认，无神论者完全可以跟有神论者一样信持正义和其他的道德价值。他的哲学当中并无任何元素可以对应于基督教的信仰观念。一切人类制度都必须建基于理性。我们之所以遵奉正义之原则并服务我们的共同体，并不是因为神命令我们这么做，也不是因为若我们听从神的命令就能够得到奖赏，而是因为哲学思考已然证明了正义乃是大善。理性能够重塑我们的世界，而“形式”应当引领这个工程，但同时我们也应当明白非理性的力量何其强大，并对此不抱幻想。非理性的力量就在我们每个人的灵魂当中，并催生了由财富、权力以及奢侈欲念主宰的败坏社会。这内心的野兽扭曲了人类，剥夺了人类的幸福，但绝少有人具备足够的才具和运气掌控这内心的野兽。苏格拉底就是此等罕见之人。柏拉图写就对话，则是要激发并教育更多的人。

年　表

公元前485年	杰出智者普罗泰戈拉生于阿布德拉（Abdera，北希腊城市）。
公元前485年	杰出修辞家高尔吉亚生于勒昂提尼（Leontini，西西里城市）。
公元前469年	苏格拉底在雅典出生。
公元前460年	原子派创立者德谟克里特生于阿布德拉。
公元前460—450年	雅典喜剧家阿里斯托芬于其中的某个年份生于雅典。
公元前443年	普罗泰戈拉为希腊殖民地图利（Thurii）拟就一部法典。
公元前431年	雅典和斯巴达爆发战争，史称伯罗奔尼撒战争，修昔底德记述了这场战争。
公元前430年	雅典将领兼《回忆苏格拉底》的作者色诺芬生于雅典。
公元前427年	柏拉图生于雅典。
公元前423年	阿里斯托芬喜剧《云》在雅典上演，以苏格拉底为讽刺对象。
公元前415年	普罗泰戈拉谢世。
公元前404年	伯罗奔尼撒战争结束，斯巴达击败雅典；雅典民主体制遭到颠覆。“三十僭主”上台。
公元前403年	“三十僭主”倒台，雅典恢复民主。
公元前399年	苏格拉底受审并被处死。几年后，高尔吉亚谢世。
公元前388年	柏拉图前往西西里造访毕达哥拉斯派数学家。
公元前387年	柏拉图创立学园，该学园一直存续到公元前1世纪的时候。
公元前386年	阿里斯托芬谢世。
公元前384年	亚里士多德生于斯塔吉拉（Stagira，北希腊城市）。
公元前367年	亚里士多德来到雅典，投身柏拉图学园。
公元前367年	柏拉图再次前往西西里，指导狄奥尼索斯二世（Dionysius II）政体。
公元前361年	柏拉图第三次前往西西里，尝试施加政治影响。
公元前347年	柏拉图谢世。亚里士多德离开雅典。
公元前341年	快乐主义流派创立人伊壁鸠鲁生于萨摩斯岛（毗邻今日土耳其海岸）。
公元前335年	亚里士多德返回雅典，创立自己的学派，人称“吕克昂学园”。
公元前332年	亚里士多德谢世。
公元前307年	伊壁鸠鲁在雅典创立自己的学派。
公元前300年	基提翁的芝诺（Zeno of Citium）在雅典创立斯多亚学派。

拓展阅读

最好的柏拉图英译全集是，*Plato: Complete Works*, edited by John M. Cooper (Hackett Publishing Co., 1997)。哈克特与牛津大学出版社还推出了一些柏拉图对话的单行本，这些单行本的质量普遍都很高。哈佛大学出版社推出的罗布古典丛书（The Loeb Classical Library）则推出了柏拉图对话的希–英对照本。R.E.爱伦（R.E. Allen）翻译了柏拉图的很多对话并提供了评注，他的译本由耶鲁大学出版社（Yale University Press）推出。克拉伦顿出版社（Clarendon Press）推出的“克拉伦顿柏拉图系列”（Clarendon Plato Series），其中有多部对话都有很是详尽的评注。另外还有一些不错的单行本，比如：*Republic*, translated by Tom Griffith (Cambridge University Press, 2000); *Republic*, translated by C. D. C. Reeve (Hackett Publishing Co., 2004); and *Laws*, translated by Thomas L. Pangle (Basic Books, 1980)。

Debra Nails, *The People of Plato* (Hackett, 2002)，这本书对柏拉图作品里面出现或者提及的人物，做了相关的交代。关于公元前5世纪和公元前4世纪雅典的政治气候，可参阅如下两部作品，Josiah Ober: *Mass and Elite in Democratic Athens* (Princeton University Press, 1989)，以及同一作者的，*Political Dissent in Democratic Athens* (Princeton University Press, 1998)。其他有关柏拉图时代之思想和政治境况的作品，可提点如下：Peter Krentz, *The Thirty at Athens* (Cornell University Press, 1982); George Kerferd, *The Sophistic Movement* (Cambridge University Press, 1981)。智者的政治作品，可参阅，Michael Gagarin and Paul Woodruff (eds.), *Early Greek Political Thought from Homer to the Sophists* (Cambridge University Press, 1995)。关于德谟克里特和其他的前苏格拉底思想家，可参阅，W. K. C. Guthrie, *A History of Greek Philosophy*, vols. 1 and 2 (Cambridge University Press, 1962 and 1965); G. S. Kirk, J. E. Raven, and M. Schofield, *The Presocratic Philosophers* (2nd ed., Cambridge University Press, 1983)。

关于柏拉图哲学之各个方面的论章集，可参阅，Richard Kraut (ed.), *The Cambridge Companion to Plato* (Cambridge University Press, 1992); Gail Fine (ed.), *Plato*,2 volumes (Oxford University Press, 1999); Gail Fine (ed.), *The Oxford Handbook of Plato* (Oxford University Press, 2008); the ‘Plato’ entry of the online Stanford Encyclopedia of Philosophy (http://plato.stanford.edu/)。

关于“早期对话”，可参阅，Thomas C. Brickhouse and Nicholas D. Smith, *The Philosophy of Socrates* (Westview Press, 2000); Charles H. Kahn, *Plato and the Socratic Dialogue* (Cambridge University Press, 1996); Mark McPherran, *The Reli-*

gion of Socrates (Pennsylvania State Press, 1996); and Gregory Vlastos, *Socrates: Ironist and Moral Philosopher* (Cambridge University Press, 1991)。其中，韦拉斯托斯（Vlastos）的这部作品乃是一次重要尝试，旨在将苏格拉底的哲学和柏拉图的哲学加以甄别，并将“早期对话”视为对柏拉图哲学发展过程的记录。对这种观点的怀疑和批评，可参阅，Debra Nails, *Agora, Academy, and the Conduct of Philosophy* (Kluwer Academic Publishers, 1995)。关于苏格拉底核心观念以及苏格拉底对后来的诸多哲学统绪的影响，可参阅，Sara Ahbel-Rappe and Rachana Kamtekar, *A Companion to Socrates* (Blackwell Publishing, 2006)。

关于“早期对话”的单独研究，可参阅，C. D. C. Reeve, *Socrates in the Apology* (Hackett Publishing Co., 1989); Dominic Scott, *Plato's Meno* (Cambridge University Press, 2006); Terry Penner and Christopher Rowe, *Plato's Lysis* (Cambridge University Press, 2005)。Richard Kraut, *Socrates and the State* (Princeton University Press, 1984)，则旨在探讨《克里同篇》和“早期对话”的政治取向。

Ruby Blondell's *The Play of Character in Plato's Dialogues* (Cambridge University Press, 2002)，则着重阐发了柏拉图作品的戏剧特质，并密切关注了柏拉图对对话人的描写。这部作品乃用这个思路解读了《小希皮亚斯篇》《理想国》《泰阿泰德篇》《智者篇》和《政治家篇》。

关于柏拉图的形而上学和知识论，可参阅，Allan Silverman, *The Dialectic of Essence: A Study of Plato's Metaphysics* (Princeton University Press, 2002); Mary Margaret McCabe, *Plato's Individuals* (Princeton University Press, 1994); Nicholas P. White, *Plato on Knowledge and Reality* (Hackett Publishing Co., 1976); Terry Penner, *The Ascent from Nominalism* (D. Reidel Publishing Company, 1987); R. M. Dancy, *Plato's Introduction of Forms* (Cambridge University Press, 2004)。

关于柏拉图的道德哲学，可参阅，Terence Irwin, *Plato's Ethics* (Oxford University Press, 1995)。当然有人在阐述柏拉图政治哲学的时候，认为《法律篇》偏离了《理想国》的威权主义轨道，这方面的作品可参见，Bobonich, *Plato's Utopia Recast* (Oxford University Press, 2002)。关于《法律篇》的研究，可参阅，Glenn R. Morrow, *Plato's Cretan City* (Princeton University Press, 1960)。S. Sara Monoson, *Plato's Democratic Entanglements* (Princeton University Press, 2000)，这部作品阐述了雅典制度和文化对柏拉图政治思考的影响。

关于《理想国》，可参阅，Julia Annas, *An Introduction to Plato's Republic* (Oxford University Press, 1981); G. R. F. Ferrari (ed.), *The Cambridge Companion to*

Plato's Republic (Cambridge University Press, 2007); Richard Kraut (ed.), *Critical Essays on Plato's Republic* (Rowman & Littlefield, 1997); C. D. C. Reeve, *Philosopher-Kings* (Princeton University Press, 1988); 以及，Gerasimos Santas (ed.), *The Blackwell Guide to Plato's Republic* (Blackwell, 2006)。

关于《会饮篇》，可参阅，Frisbee C. C. Sheffield, *Plato's Symposium* (Oxford University Press, 2006), 以及，J. H. Lesher, Debra Nails, and Frisbee C. C. Sheffield (eds.), *Plato's Symposium* (Center for Hellenic Studies, 2006)。

关于柏拉图对普罗泰戈拉相对主义的反驳，可参阅《泰阿泰德篇》的两部导读性质的作品，Myles Burnyeat, *The Theaetetus of Plato* (Hackett Publishing Co., 1990)，以及，D. N. Sedley, *The Midwife of Platonism* (Clarendon Press, 2004)。

柏拉图的一些后期对话是有相当难度的，对此，一些研究作品是能够提供帮助的，比如：e T. K. Johansen, *Plato's Natural Philosophy* (Cambridge University Press, 2004); M. S. Lane, *Method and Politics in Plato's Statesman* (Cambridge University Press, 1998); 以及，Constance C. Meinwald, *Plato's Parmenides* (Oxford University Press, 1991)。

关于柏拉图对19和20世纪哲学家的影响，可参阅，M. S. Lane, *Plato's Modern Progeny* (Duckworth, 2001)，以及，Catherine H. Zuckert, *Postmodern Platos* (University of Chicago Press, 1996)。

索　引

（原书页码）

图书在版编目(CIP)数据

如何阅读柏拉图 / (美) 理查德·克劳特
(Richard Kraut)著; 林国荣译. -- 重庆 : 重庆大学
出版社, 2024.5
(大家读经典)
书名原文: How to Read Plato
ISBN 978-7-5689-4295-9

Ⅰ. ①如… Ⅱ. ①理… ②林… Ⅲ. ①柏拉图
(Platon 前427–前347) — 哲学思想 — 研究
Ⅳ. ①B502.232

中国国家版本馆CIP数据核字(2024)第025594号

如何阅读柏拉图
RUHE YUEDU BOLATU

[美]理查德·克劳特 (Richard Kraut) 著
林国荣 译

策划编辑：姚 颖
责任编辑：姚 颖
责任校对：邹 忌
装帧设计：Moo Design
责任印制：张 策

重庆大学出版社出版发行
出版人：陈晓阳
社址：(401331) 重庆市沙坪坝区大学城西路21号
网址：http://www.cqup.com.cn
印刷：重庆市正前方彩色印刷有限公司

开本：890mm × 1240mm 1/32 印张：6.25 字数：128千
2024年5月第1版 2024年5月第1次印刷
ISBN 978-7-5689-4295-9 定价：52.00元

版贸核渝字(2021)第104号